Thomas
Blendinger

SUPER-SACH-SONGS

mit Arbeitsblättern, Texten, Noten und CD

Natur, Umwelt und Technik

Verlag an der Ruhr

Impressum

Titel: Super-Sach-Songs
Natur, Umwelt und Technik
mit Arbeitsblättern, Texten, Noten und CD

Autor: Thomas Blendinger

Druck: Druckerei Uwe Nolte, Iserlohn

Verlag: **Verlag an der Ruhr**
Alexanderstraße 54 – 45472 Mülheim an der Ruhr
Postfach 10 22 51 – 45422 Mülheim an der Ruhr
Tel.: 02 08/439 54 50 – Fax: 02 08/439 54 39
E-Mail: info@verlagruhr.de
www.verlagruhr.de

ISBN 3-86072-791-5

geeignet für die Klasse 1 2 **3 4** 5

Die Schreibweise der Texte folgt der reformierten Rechtschreibung.

Gedruckt auf chlorfrei gebleichtes Papier.

Inhaltsverzeichnis

Liebe Kolleginnen, ...

Fächerverbindender Unterricht

Fächerverbindender Unterricht ist fest in unseren Grundschullehrplänen verankert. Das Betrachten eines Themas aus verschiedenen Perspektiven und Fachrichtungen hilft, den Unterrichtsgegenstand mit seinen zahlreichen Facetten vielschichtig zu beleuchten und ganzheitlich zu erfassen.

So lernen Grundschulkinder z.B. nicht nur im **Sachunterricht** verschiedene Aspekte des Elementes Wasser kennen (physikalische, biologische, soziologische, ökologische und historische Aspekte), sondern auch in den Fächern **Mathematik** (Rechnen mit den Größen Liter und Hektoliter, z.B. Wasserverbrauch), **Kunst** (Wasser-Farben), **Musik** (mit Wasser Musik machen, Hörwerk zum Wasser „Die Moldau") oder auch **Deutsch** (Gedicht zum Wasser ...).

Warum Songs zu Sachthemen?

Seit einigen Jahren beschäftige ich mich intensiv mit Möglichkeiten, die Fächer Musik und Sachunterricht sinnvoll miteinander zu verbinden. Dabei wurde mir zunehmend bewusster, auf welch vielfältige Art sich gerade diese beiden Fächer miteinander verknüpfen lassen.

Folgendes **Schaubild** soll die von mir beobachteten Wirkungen ausgehend vom **Einsatz eines Liedes** verdeutlichen:

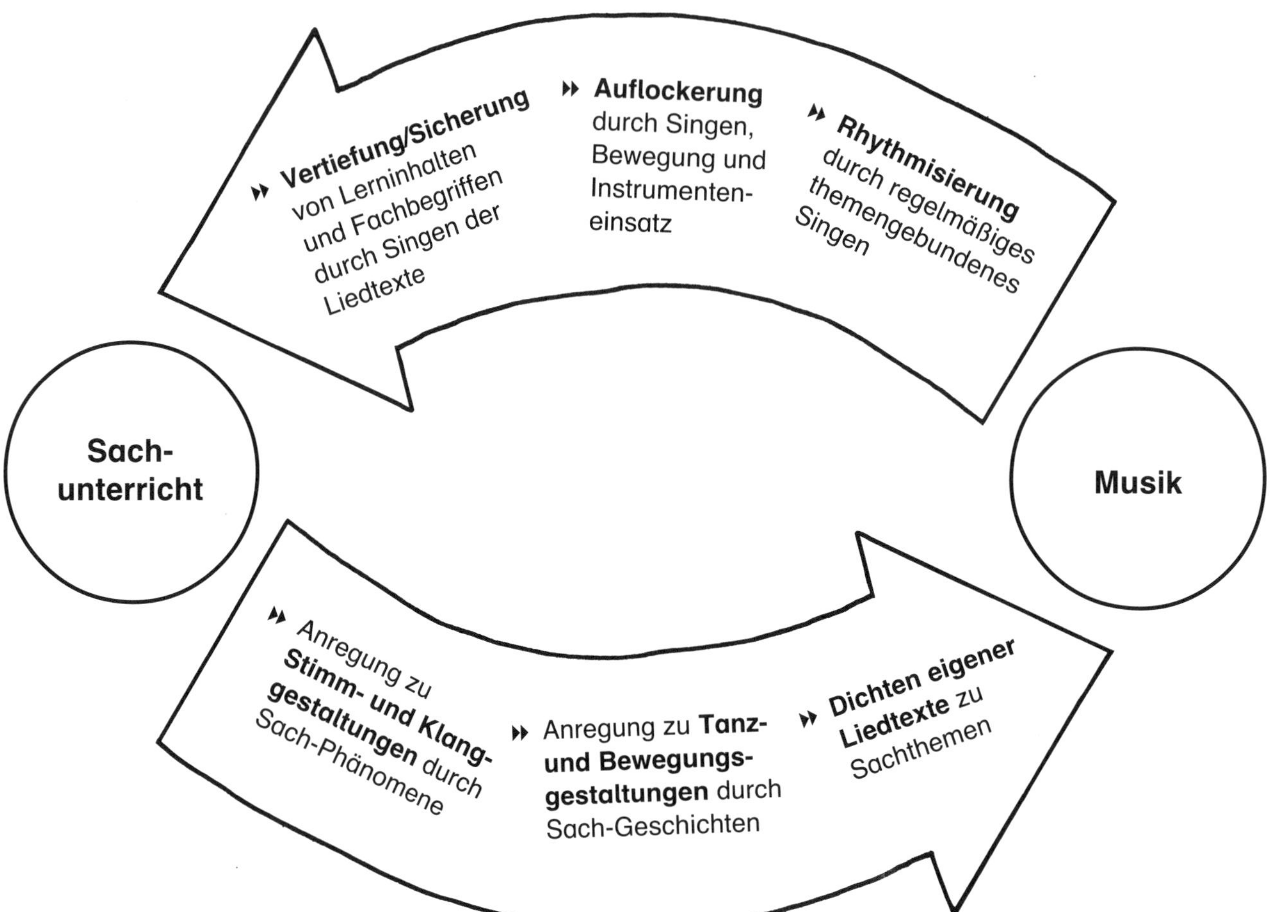

... liebe Kollegen!

„Unmusikalisch"? – Kein Problem!

Viele Kollegen* haben dem Fach Fach Musik gegenüber eine gewisse Hemmschwelle. Als Gründe dafür werden oft genannt: „Ich kann nicht singen", „Ich spiele kein Instrument", „Ich kann Noten nicht lesen".

Deshalb wählte ich für diese Songs neben der üblichen Form der Notenschrift mit Text auch die der Musik-CD: Es ist darauf von jedem Lied eine Gesangsversion zum Einüben und im Anschluss eine Playbackversion zu hören.

Zum problemlosen Einsatz im Unterricht erhalten Sie zu jedem Song zahlreiche Tipps.

Herzlichen Dank

Zahlreiche Erprobungen seitens meiner Kollegen haben zur Optimierung der Lieder beigetragen. An dieser Stelle einen herzlichen Dank an alle, die mir dabei geholfen haben.

Ein weiterer Riesen-Dank geht natürlich an meine Sänger in den Klassen und in meinem kleinen Tonstudio, allen voran an meine Kinder Diana und Matthias.

Thomas Blendinger

Tipps zum Umgang mit den Songs

1. » Legen Sie einfach die Gesangs-Version des gewünschten Songs ein!
   » Singen Sie mit und/oder lassen Sie die Kinder erst einmal mitlesen.
   » Durch die mehrfache Wiederholung des Refrains können ihn die Kinder oft schon nach wenigen Wiederholungen mitsingen.
   » Viele Kinder werden auch die Strophen bereits nach wenigen Lieddurchgängen mitsingen können.

2. » Setzen Sie nun die Playback-Version ein. Hier ist die Melodie nur noch angedeutet, sodass die Kinderstimmen Ihrer Klasse mehr in den Vordergrund treten.

3. » Probieren Sie nun die zahlreichen Tipps zur Ausgestaltung der Lieder aus, um musikalische und themenspezifische Inhalte zu vertiefen.

* Aus Gründen der besseren Lesbarkeit haben wir in diesem Buch durchgehend die männliche Form verwendet. Natürlich sind damit auch immer Frauen und Mädchen gemeint, also Lehrerinnen, Schülerinnen etc.

Vom Thema „Wasser“ ...

Der Song vom Wassertropfen

Zum Themenbereich „Wasser“ sammeln wir Kenntnisse und Erfahrungen und bringen sie in den großen Zusammenhang mit dem Wasserkreislauf. Das Lied vom Wassertropfen (S. 10/11) erzählt von einem kleinen Tropfen, der in der Schulklasse zum Versuch des Verdampfens heiß gemacht wird, um dann auf die Reise zu gehen. Die Kreislaufdarstellung endet da, wo er wiederum in einem Topf (diesmal im „Meerestopf“) schwimmt, und von dort aus immer wieder die gleiche Reise antritt.

Einsatz im Unterricht

Da die sechs Strophen den Weg des Wassertropfens sukzessive beschreiben, ist der Song an verschiedenen Stellen einsetzbar:
Die erste Strophe, die zweite und der Refrain passen zum Versuch des Verdampfens. Danach bietet es sich an, dem Weg des Wassertropfens („Wie der Regen entsteht“, „Wasser sickert durch die Erdschichten“, „Wie Grundwasser entsteht“, „Von der Quelle ins Meer“ und schließlich „Alles fängt wieder von vorne an“) zu folgen. Natürlich ist der Einsatz auch als Zusammenfassung oder musikalische Wiederholung am Ende der Sequenz möglich.

Das AB „Der Wasserkreislauf“ (S. 12) dient der Ergebnissicherung. Außerdem regt es die Kinder dazu an, über den eigenen Wasserverbrauch nachzudenken und Möglichkeiten des Wassersparens zu entwickeln.

Tipps zur Einführung

- Als Demonstrationsversuch erhitzen wir Wasser im Topf auf einer Elektroplatte und beobachten, wie der Wasserdampf aufsteigt. An einem Topfdeckel aus Glas oder einer Glasplatte, die als künstliche Abkühlungsbarriere fungiert, betrachten wir das Verdichten (kleinste Tröpfchen rücken zusammen zu großen Tropfen) und das Abregnen (die Tropfen werden so schwer, dass sie herunterfallen).

  Der Text der ersten beiden Strophen wiederholt die wichtigsten Fachbegriffe im Rahmen der Geschichte des Wassertropfens, der mit seinen „Brüdern“ zusammenrücken muss, weil es abkühlt.
- Als Begleitung wird zunächst nur die Gesangsversion eingesetzt. Die Vielzahl der Strophen wird die Playback-Version erst nach mehrmaligem Singen erlauben.

… zum Wassertropfen-Song

Bei dem Song „Wassertropfen“ (S. 10) müssen sich die Kinder sehr auf den Textinhalt konzentrieren. Die Strophen sind rhythmisch nicht ganz einfach, so dass eine musikalische Begleitung evtl. nur zum Refrain gestaltet werden sollte.

Begleitsatz für Orff-Instrumente

Das Lied ist auf der CD in E-Dur aufgenommen. Im Sinne einer „Wassermusik“ können Flaschen mit Wasser gefüllt und auf folgende Töne gestimmt werden: **E – GIS – A – H.**

Dazu werden Flaschen verschieden hoch mit Wasser gefüllt. Der Ton wird wie bei einem Xylophon durch Anschlagen der Flasche mit einem Schlägel erzeugt. Mit einem anderen Instrument verglichen, kann sie auf die richtige Tonhöhe gestimmt werden.

So können die Kinder die Takte 1 bis 4 und 9 bis 12 des Refrains mitspielen (z.B. mit Wasserflaschen, Xylophonen und Metallophonen):

Spielen wir das Lied ohne Playback, wird wegen der vielen Vorzeichen besser nach F-Dur gewechselt. Die „Wasserflaschentöne“ in F-Dur: **F – A – B – C.**

Rhythmische Begleitung

Die rhythmische Begleitung zum Refrain kann mit Körperinstrumenten eingeübt und später auf Instrumente übertragen werden. In diesem Fall wird das Stampfen durch eine Trommel und das Klatschen durch Klanghölzer ersetzt.

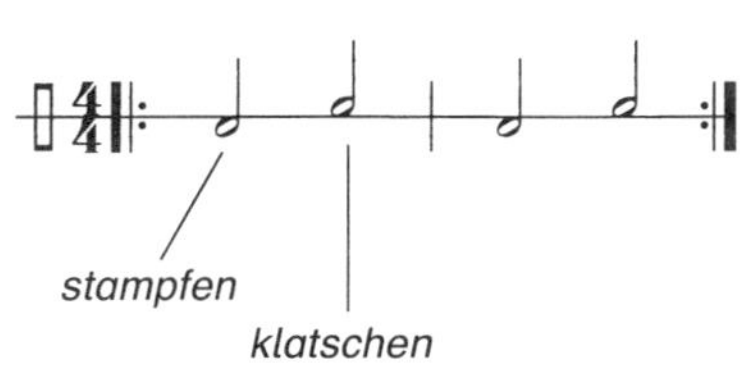

Als „Taktgeber“ kann im Höhenbereich auch eine Cabasa, eine Rassel oder ein Rhythmus-Ei mitgespielt werden:

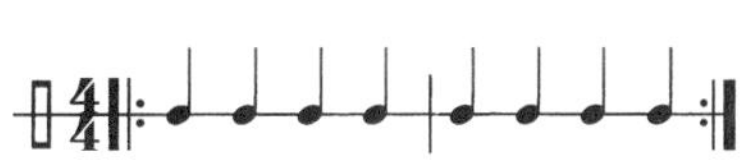

Wassertropfen

Text und Melodie: Thomas Blendinger

Wassertropfen

1. Ein kleiner Wassertropfen
schwimmt vergnügt in einem Topf.
Doch plötzlich wird ihm wärmer,
so heiß, es dampft sein Kopf.
Er spürt wie seine Teilchen
sich langsam woll'n erheben.
Sein Nachbar sagt:
„Das kenn ich längst!
Jetzt werd'n wir aufwärts streben!"

Refrain
Wassertropfen, Wassertropfen,
nun geht's auf die Reise!
„Bin gespannt, wo ich jetzt hinkomm!",
flüstert er ganz leise.
Wassertropfen, Wassertropfen,
hurtig und geschwind!
Manchmal um die halbe Welt
trägt dich dein Freund, der Wind.

2. „Gleich werden wir verduften,
nee verdampfen heißt es doch!"
Die Wasserteilchen steigen
allmählich himmelhoch.
Es wird kalt und kühler:
„Lasst uns zusammenrücken, Brüder!"
Sie werden schwer, die Wolke dunk-
ler, so fall'n sie wieder runter.

Refrain
Wassertropfen, Wassertropfen ...

3. Autsch! Da plumpst er auf 'ne
gerade frisch gemähte Wiese.
Und plötzlich wird es dunkel.
„Ich versicker'! Ich krieg die Krise!"
Mal hart, mal weich, er spürt:
Die Teilchen werden sauberer.
Der ganze Schmutz bleibt hängen
an den Schichten, wie ein Zauber!

Refrain
Wassertropfen, Wassertropfen ...

4. „Na, angekommen?", flüstert
sein Nachbar. „Auch schon da?
Willkommen zur Versammlung
im Grundwasserreservoir."
„Wie geht's nun weiter?",
will der Kleine ungeduldig wissen.
„Als Brunnen- oder Quellwasser raus!
Das wär' mir am liebsten!"

Refrain
Wassertropfen, Wassertropfen ...

5. Tatsächlich, da, ein Sog!
Er zieht ihn endlich weiter.
„Zur Seite, oder nach oben?
Gleich bin ich gescheiter!"
Mit einem Ruck, na endlich,
schießt er aus dem Stein!
Und purzelt durch den Bach, den
Fluss, bald ins Meer hinein!

Refrain
Wassertropfen, Wassertropfen ...

6. Jetzt schwimmt unser Tropfen
vergnügt im Meerestopf.
Doch plötzlich wird ihm wärmer,
so heiß, es dampft sein Kopf.
Er spürt wie seine Teilchen
sich langsam woll'n erheben.
Jetzt sagt er selbst:
„Das kenn ich längst!
Jetzt werd'n wir aufwärts streben!"

Refrain
Wassertropfen, Wassertropfen ...

Text und Melodie: Thomas Blendinger

AB

Der Wasserkreislauf

Schneide die Fachbegriffe aus und klebe sie in das Bild vom Wasserkreislauf ein:

versickern	verdunsten	Fluss	Wolke
regnen	Meer	Quelle	

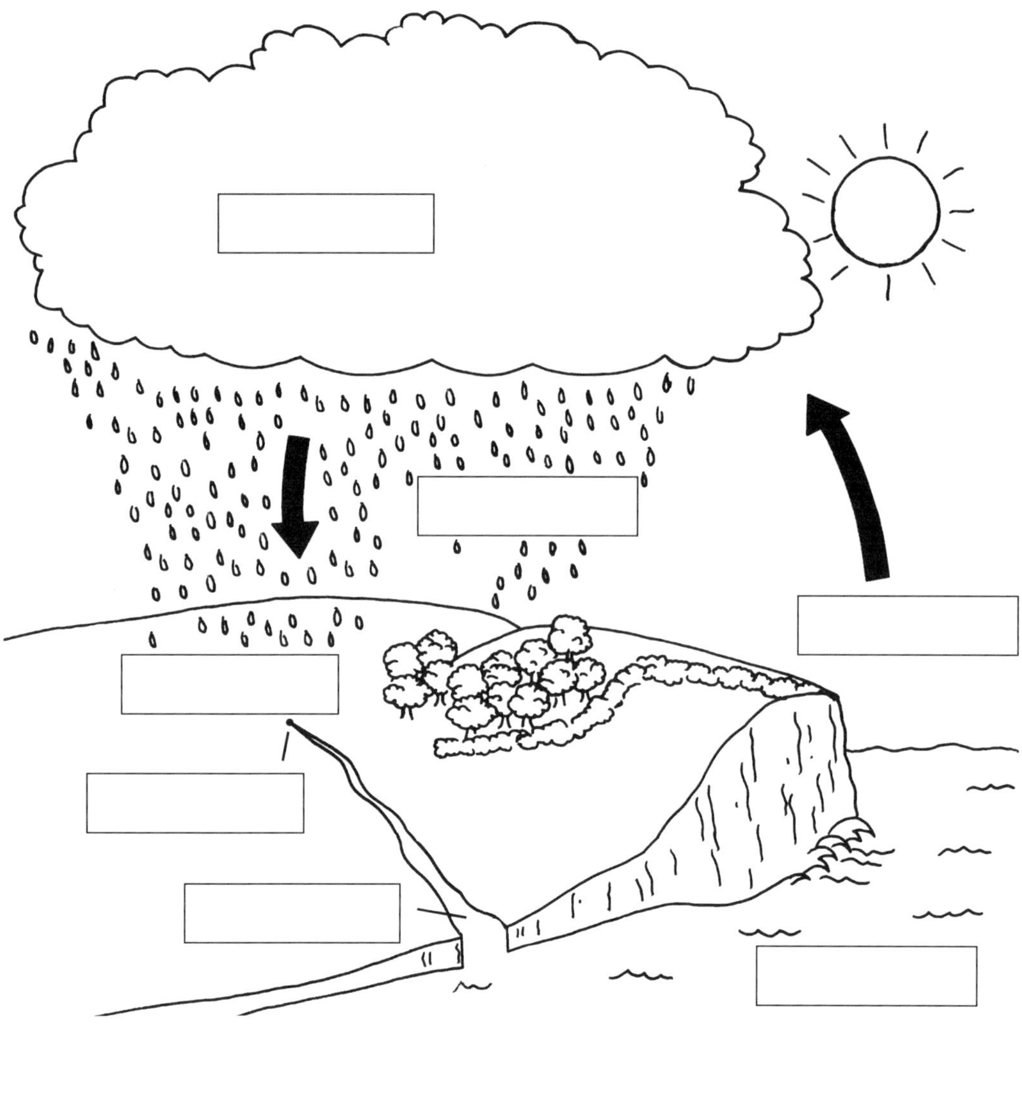

Erkundige dich, woher euer Trinkwasser kommt.

In unserem Land wird viel Wasser einfach verschwendet.
Schreibe Tipps auf, wie man Wasser sparen kann!

Male einen Tipp auf ein Blatt Papier.

Vom Thema „Abwasser"...

Der Song von der Kläranlage

Als Wasserverbraucher und -verschmutzer müssen wir uns auch mit dem Aspekt „Wassersparen" und „Abwasserreinigung" beschäftigen. In dem Lied „Alles klar" (S. 15/16) lernen die Kinder die verschiedenen Reinigungsstationen einer Kläranlage kennen.

Einsatz im Unterricht

Das Thema „Abwasserreinigung" kann relativ unabhängig von anderen Themen behandelt werden, es lässt sich jedoch gut im Anschluss an das Thema „Wasserkreislauf" thematisieren. Das Lied „Alles klar" passt auf Grund seiner Erzählform über die „Person" des Wassertropfens auch gut zum Lied vom „Wassertropfen" (S. 10/11).

Es empfiehlt sich ein Besuch bei der nächsten Kläranlage, wo die einzelnen Schritte der Abwasserreinigung nicht nur anschaulich (siehe AB „Die Kläranlage", S. 17), sondern auch sehr geruchsintensiv miterlebt werden können.

Darüber hinaus sollte gemeinsam besprochen werden, warum und wovon das Wasser in der Kläranlage überhaupt gereinigt werden muss. Die schlimmsten Wasservergifter sind Öl und Chemikalien (Putzmittel). Selbst Rückstände von Antibiotika und anderen Medikamenten, vom Menschen ausgeschieden, durchlaufen die Kläranlagen und gelangen ins Grundwasser. Viele Gifte, die unser Wasser belasten, sind wasserlöslich. Es heißt also nicht automatisch: Je klarer das Wasser, desto sauberer ist es. Wasser wird demnach in der Kläranlage nicht so sauber, dass es am Ausgang der Anlage getrunken werden kann. Es muss erst wieder dem natürlichen Wasserkreislauf zugeführt, in einem Wasserwerk gereinigt und als Trinkwasser aufbereitet werden.

Tipps zur Einführung

- Um eine Reise durch die Kläranlage zu veranschaulichen wird das Lied zuerst als Ganzes vorgespielt. Im Anschluss an die spontanen Äußerungen der Kinder beschäftigen wir uns mit den einzelnen Strophen und ordnen sie den realen Stationen der Wasseraufbereitung zu.
- Alternative: Die Lehrkraft schneidet die drei Strophentexte aus und vermischt sie. Die Kinder lesen und ordnen die Texte mit einem Partner oder in Gruppenarbeit. Anschließend hören sie das Lied an und überprüfen, ob das Ergebnis stimmt.

... zum Song von der Kläranlage

Rhythmische Begleitung

Der Refrain des Liedes kann nach dem unten stehenden Muster mit Körperinstrumenten begleitet werden. Später kann das Stampfen durch eine Trommel und das Klatschen durch Klanghölzer ersetzt werden.

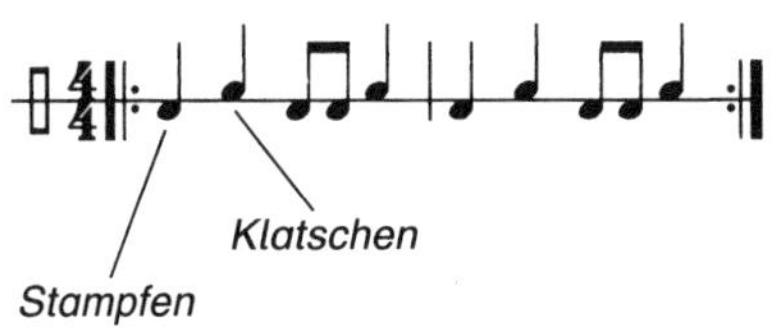

Gesangsgestaltung

Im Refrain kann – wie auf der CD – der Ausruf „Alles klar“ von einer zweiten Gruppe als Echostimme wiederholt werden. Dabei sollte die Echogruppe wesentlich kleiner sein als die erste Gruppe.

Bildnerische Gestaltung

Der lustige Zwischenteil, der „Kitzelteil“, kann auch zum Malen des Belebungsprozesses anregen.

Alles klar

Text und Melodie: Thomas Blendinger

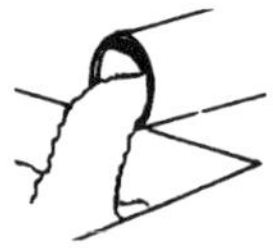

Alles klar

Text

„O weh! Mir ist schlecht!
Ich fühl' mich mies, es ist ganz schlimm!
Was ist das für 'ne stinkende Suppe hier,
Blubberschlamm, in dem ich schwimm'!",
ruft der Wassertropfen klagend,
doch auf einmal schaut er fragend:
„Was ist das für ein Gitter hier,
trägt die festen Teile fort von mir?"

Refrain:
„Alles klar! Alles klar! In der Wassertropfenwaschanlage werd' ich wieder klar.
Alles klar! Alles klar! Doch hoffentlich so klar, wie ich einmal war."

„Es saugt mich weiter vor,
zu Boden schweben Sand und Schlamm –
dann „schwupp" durchs nächste Rohr,
dort kitzeln mich kleine Bläschen dann.
Ja, jetzt kann ich besser atmen
und ganz kleine Tierchen warten,
bis sie fressen könn'n das Blubbergas.
Und schon geht's mir besser, das macht Spaß."

Refrain (2-mal):
„Alles klar! Alles klar! ..."

Mittelteil:
Hey, nicht so kitzeln, he, hahahaha, aufhör'n –
hahaha – aaaaufhööööörn!

„Im nächsten Becken dann
letzte Teilchen fall'n zum Grund.
Und „schwupp" noch'n Rohr entlang
zur Kur! Dort werde ich gesund.
In dem Fluss beim saub'ren Wasser,
hoffentlich wird es dort besser.
Ja, damit ich wieder ganz klar sein kann
und nicht mehr werd' zu Blubberschlamm!"

Refrain (3-mal):
„Alles klar! Alles klar! ..."

Text und Melodie: Thomas Blendinger

Die Kläranlage

Hier siehst du die verschiedenen Stationen, die ein Wassertropfen in der Kläranlage durchläuft. Sieh dir das Bild genau an. Übertrage dann die Fachbegriffe in die Lücken.

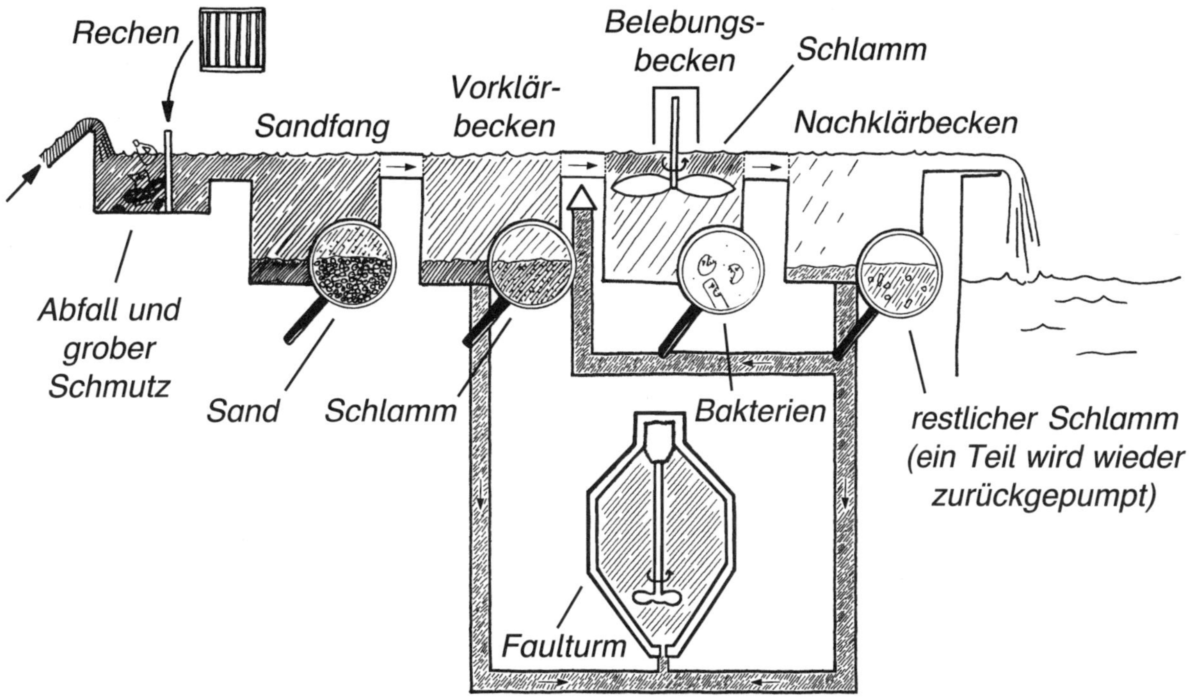

Zuerst werden im ______________________ die groben Teile aus dem Abwasser herausgefiltert. Im ______________________ schwebt der Sand zu Boden.

Im Becken der Vorklärung setzt sich ______________________ ab.

Er kann in einem Faulturm Gas erzeugen, das zur Stromgewinnung verwendet wird, oder auch von Bauern als Dünger auf den Feldern verteilt werden.

Nützliche Bakterien sorgen im ____________________________ für eine weitere Reinigung des Wassers.

Im letzten Becken, dem ______________________________, setzt sich der restliche Schlamm am Boden ab. Ein Teil wird wieder zurückgepumpt.

Danach ist das Wasser so sauber, dass es in ein Gewässer geleitet werden kann.

Vom Thema „Wirkung von Strom“...

„Klick“ – Der Song vom Leben ohne Strom

Dieses Lied (S. 20/21) führt die Kinder in die Zeit zurück, als es noch keinen elektrischen Strom gab. Ausgehend vom Tagesablauf des Ur-Ur-Großvaters richtet es den Blick auf Tätigkeiten von damals, die heute mit Hilfe des elektrischen Stroms verrichtet werden. Dabei merken wir, wie abhängig die Menschen von der Elektrizität geworden sind.

Einsatz im Unterricht

Mit Blick auf die Fachbegriffe „Licht“, „Wärme“ und „Bewegung“ als tägliche Leistungen des elektrischen Stromes im Haushalt soll der Song „Klick“ einen Vergleich zur früheren Zeit ohne Strom ermöglichen.

Das AB „Geräte mit Strom“ (S. 22) setzt eine Aufarbeitung des Themas „Strom“ voraus und sollte daher nicht zu Beginn der Unterrichtseinheit eingesetzt werden.

Tipps zur Einführung

- Es bietet sich hier an, das Lied erst einmal ganz anzuhören. In der Regel wollen die Kinder schnell auf Gehörtes eingehen und sich dazu äußern. Auch eine Hausaufgabe kann aus dem Lied entstehen:

  Wir fragen Opa und Oma nach alten Haushaltsgeräten, die früher ohne Strom betrieben wurden.

- Die Erarbeitung des Liedes sollte eng mit dem Sachthema verbunden werden. Ein erster Schritt kann es sein, im Text nach Tätigkeiten bzw. Geräten zu suchen, die heute von Strom unterstützt oder mit Strom betrieben werden. Wir finden:

1. Strophe: Elektrisches Licht, Nachttischlampe.

2. Strophe: Waschmaschine, Elektroherd, Hausglocke. Wir ergänzen: Bügeleisen, Mixer, Staubsauger, Trockner ...

3. Strophe: Computerspiele, Nintendo, Fernseher, Radio. Wir vergleichen die Spiele von früher und heute und merken, dass viele heute auch vom Strom abhängig sind. Gleichzeitig lassen wir uns alte Spiele von den Großeltern zeigen, bringen sie mit und probieren sie aus.

... zum Klick-Song

Begleitsatz für Orff-Instrumente

Mit Xylofon, Metallofon oder Glockenspiel können folgende Töne zum „Klick“ gespielt werden:

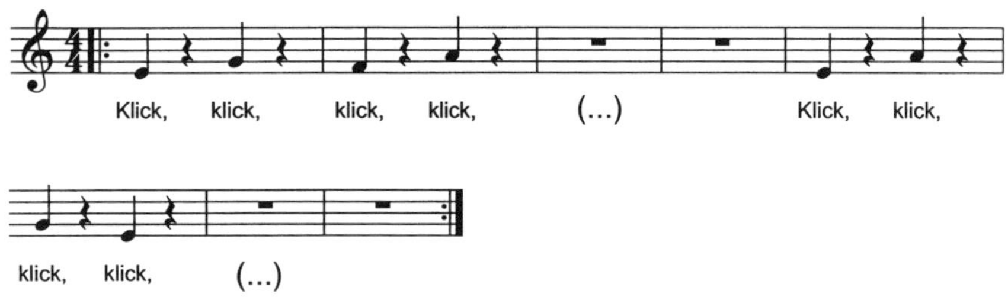

Rhythmische Begleitung

Es ist sinnvoll, die drei Rhythmusstimmen einzeln zu erarbeiten und nach und nach zusammenzufügen.

Cabasas/Eier: 

Trommeln: 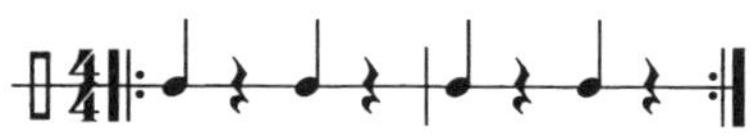

Klatschen/Schellen: 

Pantomimische Gestaltung

Den Inhalt der Strophen können wir auch pantomimisch darstellen: Dazu überlegen sich die Kinder für jede Strophenzeile passende Bewegungen. Die Aufgabe eignet sich gut für eine Gruppenarbeit.

Beispiel:

Als Ururopa klein war, → *Handbewegung nach unten*

da gab's noch keinen Strom → *verneinendes Kopf- oder Fingerschütteln*

und nachts in seinem Bettchen → *Decke überziehen*

war's finster um ihn 'rum. → *Augen schließen*

Bildnerische Gestaltung

Für eine Aufführung können wir die Handlung des Liedes untermalen, indem wir beispielsweise zwei Fernseher aus Pappe basteln und auf Knopfdruck (bei „klick“) verschiedene selbst gemalte Bilder auf dem „Bildschirm“ erscheinen lassen. Auf dem einen Bildschirm können „alte“ Geräte, auf dem anderen die Äquivalente aus der heutigen Zeit gezeigt werden.

Song

Klick

Text und Melodie: Thomas Blendinger

Klick

1. Als Ururopa klein war,
da gab's noch keinen Strom
und nachts in seinem Bettchen
war's finster um ihn 'rum.
Er hatte keinen Schalter,
mit dem er Licht gemacht.
Nein, nur zur Not hat Mutter ihm
'ne Kerze hergebracht.

Refrain
Und wir? ... Und wir?
Wir machen nur klick, klick, klick,
klick, der Strom ist unser Helfer.
Klick, klick, klick, klick,
hat Arbeit Tag und Nacht.
Er leuchtet, er macht Wärme
und kann allerlei bewegen.
Klick, klick, klick, klick,
doch weil er so gefährlich ist,
komm ich ihm nicht zu nah'.

2. Die Ururoma hatte es
wahrscheinlich noch viel schwerer.
Sie plagte sich am Waschbrett –
stundenlang im Keller.
Und als sie dann
mit krummem Rücken
Feuer macht' zum Kochen,
kam Uropa schon aus der Schul',
tat an die Türe pochen.

Refrain
Und wir? ... Und wir? ...

3. Und in Uropas Freizeit,
da gab's noch kein Nintendo,
er hatte den Computer nicht,
kein Fernseh'n und kein Radio!
Er spielte Baustein', Mühle, Schach,
las Bücher gierig aus,
die Fantasie macht' ihm im Kopf
'ne Fernsehsendung draus.

Refrain
Und wir? ... Und wir? ...

Text und Melodie: Thomas Blendinger

- Suche in den Strophen nach Tätigkeiten oder Geräten, die heute von Strom unterstützt oder mit Strom betrieben werden.
- Bitte deine Urgroßeltern oder Großeltern, dir alte Spiele aus ihrer Kindheit zu zeigen. Bringe die Spiele mit in die Schule und erkläre sie deinen Mitschülern.

AB

Geräte mit Strom

Mit elektrischen Geräten kann z.B. Bewegung, Wärme oder Licht erzeugt werden. Ordne diese Geräte in die Tabelle ein.
Tipp: Manche Geräte passen in zwei Spalten!

Bewegung	Wärme	Licht

Hier siehst du einige Geräte, die es früher gab.
Welche Geräte aus der heutigen Zeit passen dazu?
Schreibe sie neben die Bilder.

Vom Thema „Stromerzeugung“...

Der Song „Bei uns gibt’s den Strom umsonst“

Erneuerbare Energien werden immer dann zum aktuellen Tagesthema, wenn z.B. eine Klimakonferenz auf Grund des Treibhauseffekts Alarm schlägt oder uns wieder einmal die Endlichkeit unserer Erdöl-, Kohle- oder Erdgasressourcen bewusst wird. Dass es den Strom bei uns eigentlich (fast) umsonst gibt, haben schon vor ca. zwanzig Jahren einige Pioniere mit Solaranlagen auf den Dächern bewiesen. „Aussteiger“ nannte man sie damals. Heute gibt es Förderprogramme, die die Ausstattung von Häusern mit solchen Anlagen finanziell unterstützen, auch die sogenannten „Niedrigenergiehäuser“ werden bezuschusst.

In unseren Breiten ist es schwer, nur durch die Sonnenleistung genügend Elektrizität zu erzeugen. Wer aber genau aufgepasst hat, dem sind die „plötzlich“ dastehenden Riesenwindräder sicherlich nicht entgangen ...
Das Lied „Bei uns gibt’s den Strom umsonst“ (S. 25/26) beschreibt solche alternativen Arten, elektrischen Strom zu erzeugen, und soll den Kindern die Vorteile dieser „erneuerbaren“ oder besser gesagt „ständig vorhandenen“ Energien nahe bringen.

Einsatz im Unterricht

Der vorsichtige Umgang mit elektrischem Strom, die Kenntnis seiner Wirkungsweise und die Erstellung einfacher Stromkreise sind wichtige Lerninhalte der Grundschule. Gegen Ende einer Unterrichtseinheit zum Thema „Strom“ bietet sich der Vergleich verschiedener umweltverträglicher Stromerzeugungsarten an. Das Lied „Bei uns gibt’s den Strom umsonst“ stellt drei Arten alternativer Stromerzeugung vor.
Das AB „Erneuerbare Energien“ (S. 27) greift diese Möglichkeiten noch einmal auf und regt die Kinder an, über den eigenen Stromverbrauch nachzudenken.

Tipps zur Einführung

- Eine Möglichkeit der Hinführung zum Lied kann in einer 4. Klasse schon einmal ein Zeitungstext über einen Protest gegen Atommülltransporte sein. „Warum machen die Menschen das?“ „Wovor haben sie Angst?“... Wir sind schnell in eine Diskussion über das Für und Wider der Kernkraft vertieft und lenken unseren Blick auf andere Möglichkeiten der Stromerzeugung. Und damit wären wir schon bei dem Lied!
- Wir hören uns zuerst die erste Strophe an und finden heraus, um was es darin geht (die Solarstromanlage). Nacheinander lassen wir uns auch durch den Inhalt der anderen beiden Strophen führen und können hinterher die drei erwähnten Stromerzeugungsarten benennen.
- Ganz nebenbei lernen wir den Refrain durch seine Wiederholung kennen und können ihn vielleicht beim zweiten Mal mit Hilfe des Textblattes schon mitsingen.

... zum Öko-Strom-Song

Info

Bewegungsgestaltung

Die wörtliche Rede in den Strophen können wir mit verteilten Rollen singen. Je nach Rollenverteilung können es bis zu fünf Sänger sein. Diese können versuchen, durch Mimik und Gestik den Textinhalt zu unterstützen.

Begleitung des Refrains

Am Ende jeder zweiten Zeile des ersten und zweiten Refrains betonen wir die Wörter „Dreck", „weg" und „längst", indem wir mit Instrumenten (z.B. Rasseln, Handtrommeln oder Schellen) in die sich an diese Wörter anschließenden Singpausen hineinspielen.

Im dritten Refrain (und seiner Wiederholung) gestalten wir die Pausen durch lautstarke Wiederholung der Wörter „Dreck", „weg" und „längst" und erzielen somit eine Steigerung.

Rhythmische Begleitung

Als rhythmische Begleitung bietet sich das „swingende" Fingerschnipsen auf der zweiten und vierten Zählzeit eines Taktes an. Alternativ können wir auch Claves (Klanghölzer) verwenden.

Schnipsen/
Claves:

Auch mit Cabasa, Rassel, Ei und Trommel lässt sich der Rhythmus gut und einfach begleiten:

Cabasa/
Rassel/
Ei:

Trommel:

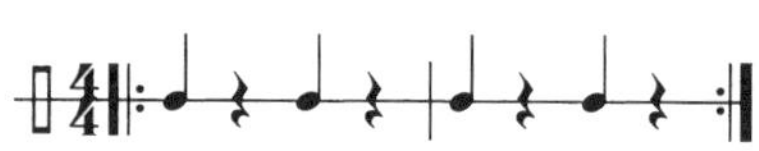

Bei uns gibt's den Strom umsonst

Song

Bei uns gibt's den Strom umsonst

2. „Guten Tag, darf ich mal fragen:
Was ist das für ein Riesenrad?
Es dreht sich dann,
wenn der Wind draufbläst.
Wozu gibt es denn das?"
„Ja weißt du,
wir machen Strom daraus,
genau wie bei deinem Rad.
Es treibt beim Dreh'n den Dynamo an
und zum Lämpchen führt ein Draht.
Und so treibt's bei uns die Turbine an
und die Leitung führt dann
über's Land!"

Refrain
Denn ...

3. Und überall wo viel Wasser fließt,
da gibt es auch diese Kraft,
die riesengroße Turbinen dreht,
auch dann entsteht dieser „Saft",
der dann bei dir
aus der Steckdose kommt,
ich hoffe, du kannst es versteh'n?
Der Unterschied ist,
dass keine Hitze entsteht
und uns're Vorräte bleiben besteh'n.
Der Unterschied ist,
dass keine Hitze entsteht
und uns're Vorräte bleiben besteh'n.

Refrain
Denn ...

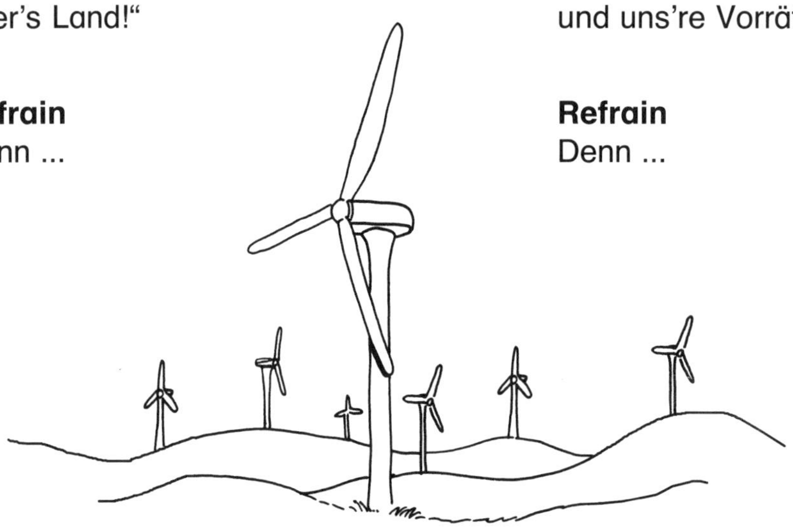

Text und Melodie: Thomas Blendinger

Erneuerbare Energien

AB

Womit wird hier der Strom erzeugt?

______________________ ______________________

Vergleiche die beiden unteren Bilder: Welche Gemeinsamkeiten erkennst du? Schreibe ins Heft. Folgende Begriffe können dir helfen:

Dynamo *Licht* *Umspannwerk* *Haus* *Leitung* *Glühlampe* *Lampe* *Strom* *Windrad*

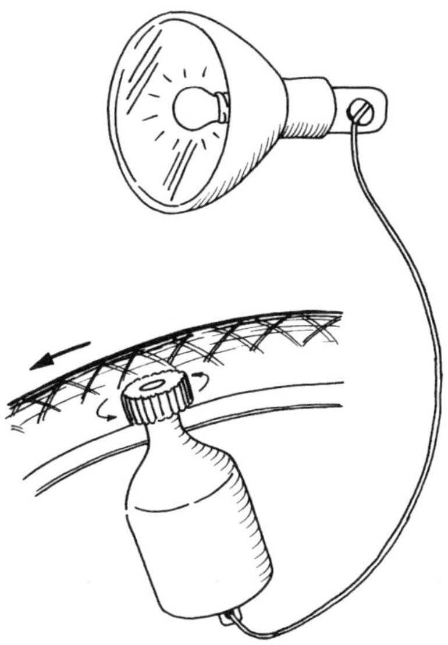

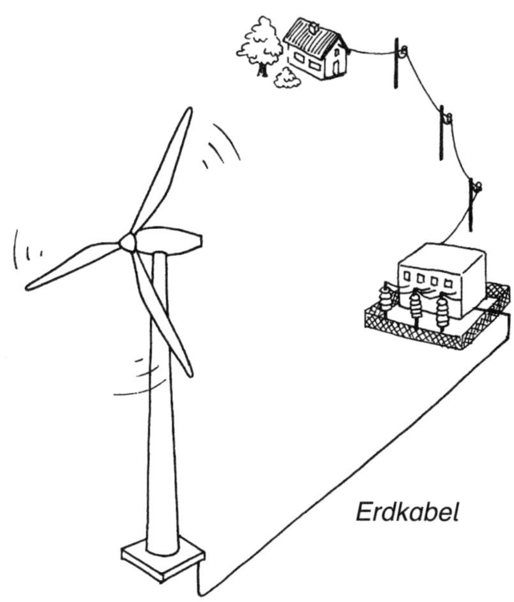

Oft verschwenden wir elektrische Energie.
Überlege, wie man das verhindern kann.
Erstelle ein Plakat mit Tipps zum Stromsparen.

Vom Thema „Sehen“...

Der Augen-Rap

Rap-Musik ist bei Kindern und Jugendlichen sehr angesagt. Wenn es um diese Stilrichtung geht, fühlen sie sich in der Regel schnell angesprochen. Anliegen des Liedes (S. 30) ist es, eine Wertschätzung des Augenlichts zu vermitteln sowie eine Kenntnis der verschiedensten Aufgaben des Auges zu erreichen.

Einsatz im Unterricht

Nachdem über die Leistungen des Auges gesprochen und vor allem experimentiert wurde (Aufgaben zu optischen Täuschungen finden sich auf dem AB „Das Auge“, S. 31), bietet sich der Song als Zusammenfassung der Stundeninhalte an.

Tipps zur Einführung

Dieser Rap setzt sich aus einem gesungenen Refrain, zwei „gerappten“ Strophen und einem ebenfalls „gerappten“ Zwischenteil zusammen. Die klare Gliederung sowie die Wiederholung des Zwischenteils erleichtern die Liedeinführung.

- Wir sprechen über die Stilrichtung „Rap“ und manche Kinder können einige Rap-Strophen aus anderen Hits wiedergeben. Anschließend dürfen die Kinder versuchen, selbst Reime zum Thema Auge zu finden.

  An dieser Stelle beginnt der schmale Grat zwischen Vorgabe, Zulassen und Miteinbeziehen der Kreativität der Kinder. Kann ich meinen Rap-Text modifizieren, um die Schülerreime einzubauen? Klare Antwort: Wenn ich mir das zutraue, gerne!
- Wir lesen zunächst die Strophen durch und jedes Kind kann erst einmal selbst frei ausprobieren, sie zum laufenden Metronom (langsamer als das Liedtempo!) zu sprechen. Einige Kinder schaffen es in der Regel nach ein paar Anläufen schon sehr gut, Tempo und Rhythmus zu halten.
- Die Kinder können auch zunächst als vorbereitende Hausaufgabe das „Rappen“ der Strophen ausprobieren. Zu Hause fühlen sie sich unbeobachtet und können ungehemmter üben.
- Den Refrain lernen wir schnell durch wiederholtes Singen. Um das Textverständnis zu sichern, klären wir die Besonderheit des Wortes „lidbehütet“.
- Wenn wir das Playback einsetzen, müssen wir ganz schön schnell lesen, um mitzukommen. Aber nach einigen Versuchen „rappen“ wir schon fast wie aus einem Munde.
- Den Zwischenteil üben wir gesondert. Insbesondere das Klatschen zur richtigen Zeit muss geprobt werden.

Tanz-Performance

Der Song bietet sich recht gut für eine Tanzaufführung an.
Eine Klassenhälfte kann z.B. selbst einen Tanz zu den ausgiebigen Instrumentalpassagen und zum Refrain des Liedes erfinden.
Die gefundenen Tanzschritte passen wir zusammen an das Lied an (Tempo, Rhythmus etc.).

Die anderen Kinder planen die Gestaltung des Strophentextes. Sie wählen z.B. zum Zeigen der Farben in der ersten Strophe farbige Kärtchen, die sie beim Sprechen rasch hintereinander hoch halten („Seh' rot, seh' gelb, ...“). Schnell finden wir auch passende Bewegungen zu den anderen Stropheninhalten.

Für das Zusammenspiel beider Gruppen vereinbaren wir, dass die Tanzgruppe hauptsächlich in den Instrumentalphasen des Liedes aktiv ist und die jeweils nicht aktive Gruppe in die Hocke geht, um die Aufmerksamkeit jeweils bei der richtigen Gruppe zu belassen.

Pantomimische Gestaltung

Wir überlegen uns gemeinsam Bewegungen zum Refrain, z.B.:

lidbehütet	→	*die Zeigefinger zeigen auf die Augenlider*
wohlverpackt	→	*beide Hände formen zusammen eine Kugel*
in der Augenhöhle	→	*auf die Augenhöhle zeigen*
schau dir deine Augen an	→	*sich gegenseitig in die Augen schauen*
den Spiegel deiner Seele	→	*sich einen imaginären Spiegel vorhalten*

Rhythmische Begleitung

Als Begleitung zum Refrain bietet sich für rhythmisch sichere Kinder das Klatschen am Ende jedes zweiten Taktes an:

Lidbehütet, wohlverpackt in der Augenhöhle

schau dir deine Augen an, den Spiegel deiner Seele!

Augen-Rap

Song

1. Ich sehe das, womit ich seh', zwei kleine Wunderwerke,
dreh' sie nach links, dreh' sie nach rechts,
seh' Riesen und auch Zwerge!
Seh' rot, seh' gelb, seh' grün, seh' blau, alle Farben wunderbar!
Und ich geb' Acht, denn ich hab' sie nur einmal, das ist klar!

Wer da nicht sagt: „Das ist enorm!", der hat das nicht gecheckt!
Für den sing' ich ihn gleich nochmal – (✋✋*) den Augenrap!

Refrain

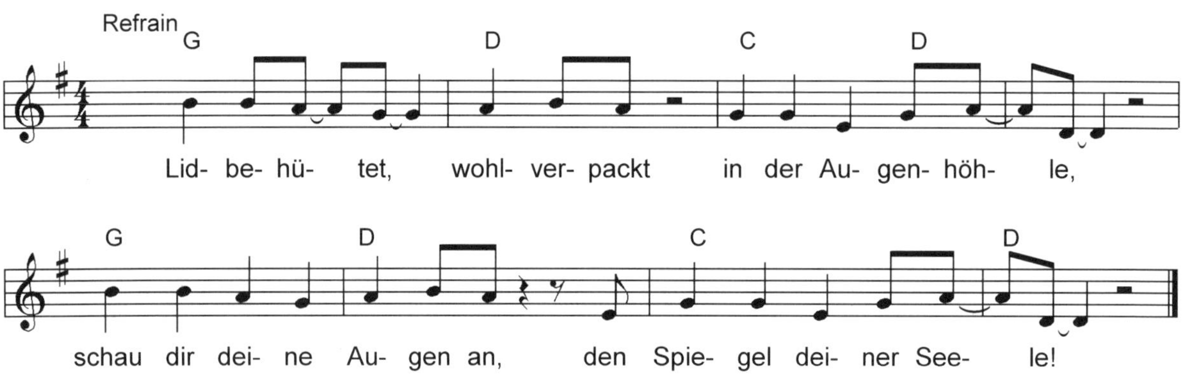

2. Wie 'ne vollautomatische Kamera stell'n sie alles ein.
Die Pupillen werden größer, wenn's dunkel ist, wenn's hell ist, sind sie klein.
Damit sie nicht verschmutzen, hilft dir auch bei Klage
'ne klitzekleine, gutversteckte Tränenwaschanlage.

Wer da nicht sagt: „Das ist enorm!", der hat das nicht gecheckt!
Für den sing' ich ihn gleich nochmal – (✋✋*) den Augenrap!

Refrain (3-mal)
Lidbehütet, ...

*✋= Klatschen

Text und Melodie: Thomas Blendinger

Das Auge

Trage die passenden Begriffe in die Zeichnung ein.

Pupille – Augenbraue – Wimpern – Augenlid – Augapfel

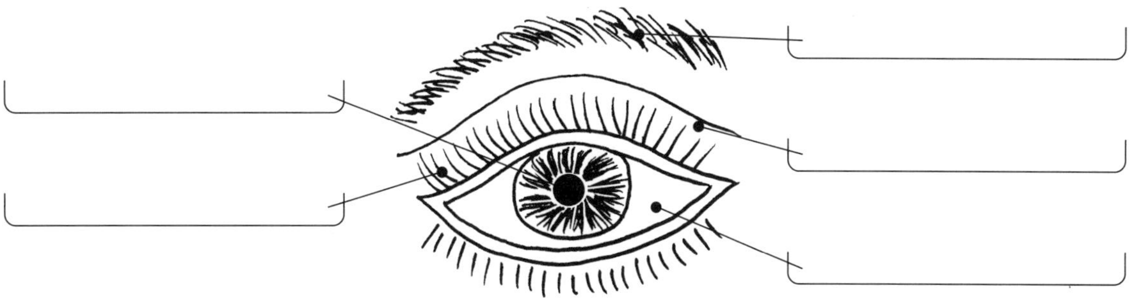

Dein Auge kann getäuscht werden. Was siehst du in den drei Kästchen?

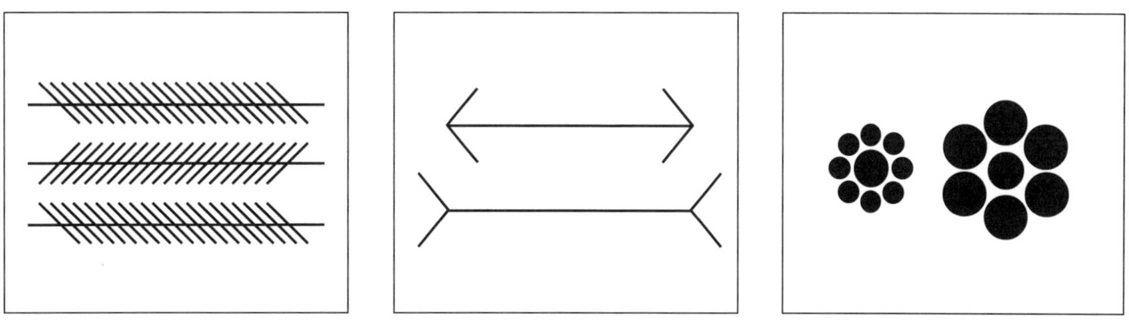

1. Sind die langen Linien waagerecht?

2. Welche Linie ist länger?

3. Welcher Innenkreis ist größer?

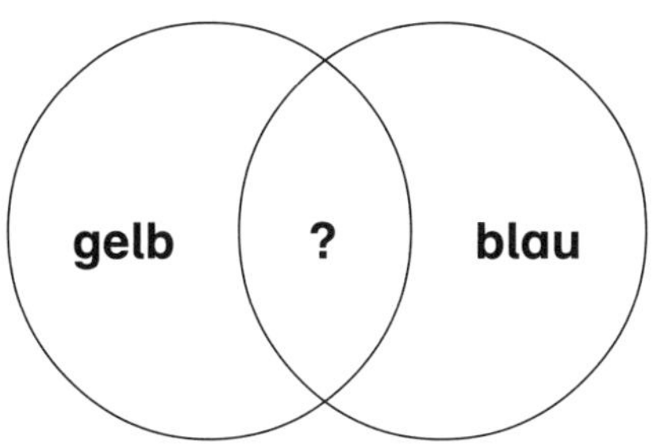

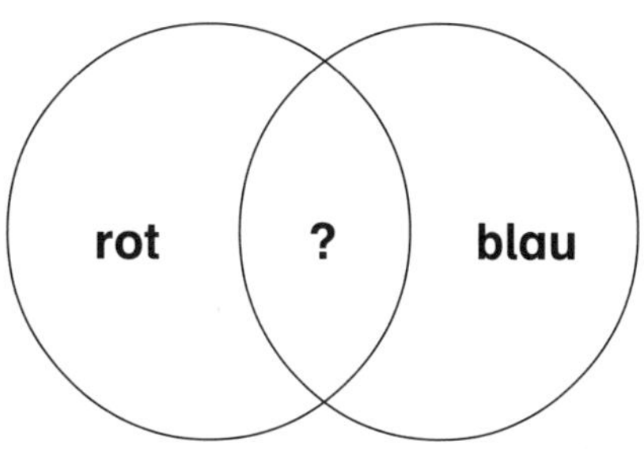

Vom Thema „Hören“ ...

Der Song vom Krach

Dieses Lied (S. 34) gehört zum Themenbereich „Sinnesorgane“, enger eingegrenzt: „Ohren/Hören“. Es geht darin um etwas einerseits Schädliches, das aber andererseits viel Spaß machen kann: „Krach“. Oft bezeichnet man hohe, unangenehme oder laute Töne, gemessen in Dezibel, als „Krach“. Das ist aber nur halb richtig. In der eigentlichen Definition sind es unorganisierte laute Töne, auch Geräusche genannt. Nun, egal, welche Definition man als richtig empfindet, Krach ist nun mal ordentlich laut. Die Lautstärke als Ausdruck von Kraft und Macht gibt es in der Erwachsenenwelt nicht nur im Bereich der Rockmusik. Auch beispielsweise Richard Wagner liebte lautstarke Inszenierungen seiner Werke. Und Kinder produzieren auch Krach, etwa um auf sich aufmerksam zu machen oder um ebenfalls Kraft und Macht zu demonstrieren.

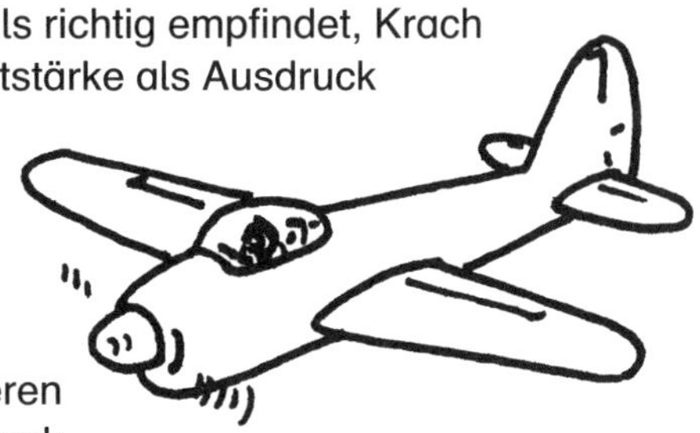

Der Gegenpol, nämlich die Ruhe, die sanften Töne, das träumerische Element der Musik, ist für uns nach anstrengendem Krach oft pure Erholung. Die spannende Begegnung dieser zwei Gegensätze in ganz einfacher musikalischer Umsetzung ist das Anliegen dieses Liedes. Einmal ordentlich ins Gerät „hauen“, dann aber möglichst einfühlsam den „Ruhepart“ singend gestalten.

Einsatz im Unterricht

Wenn wir über die Leistungen der Ohren sprechen, unterscheiden wir dabei auch zwischen Tönen und Geräuschen. Die allgemeine Musikdidaktik klassifiziert die Orffinstrumente in „Rhythmusinstrumente“ und „Melodieinstrumente“. In der Konsequenz daraus machen wir mit den Rhythmusinstrumenten also eher Geräusche und mit den Melodieinstrumenten die Töne. Bei der Gestaltung des Liedes „Krach“ erkennen wir diesen Unterschied und lernen verschiedene Melodie- und Rhythmusinstrumente kennen. Das AB „Störende Geräusche“ (S. 35) greift diese Unterscheidung noch einmal auf und regt die Kinder an, die Geräusche in ihrer Umwelt bewusst wahrzunehmen.

Tipps zur Einführung

- Wir sprechen darüber, was „Krach“ für uns bedeutet, und benennen Dinge, die Krach machen, z.B. Motorrad, Bagger, Presslufthammer, Flugzeug usw.
- Wir hören das Lied und benennen die kraftvollen Instrumente des ersten Teils. Wichtig ist dabei vor allem das Schlagzeug mit Trommeln und Becken, E-Bass und E-Gitarre dienen der Verstärkung.
- Wir versuchen, ähnlich dem Vorbild auf der CD, kraftvolle Instrumente zu finden, um gezielt „Krach“ zu machen. Wir stellen fest, dass Rhythmusinstrumente (z.B. Trommeln, Cymbeln und Claves) am besten geeignet sind.

... zum Song vom Krach

Rhythmische Begleitung

Wir versuchen den Rhythmus des ersten Liedteils mit allen „lauten" Instrumenten zu spielen:

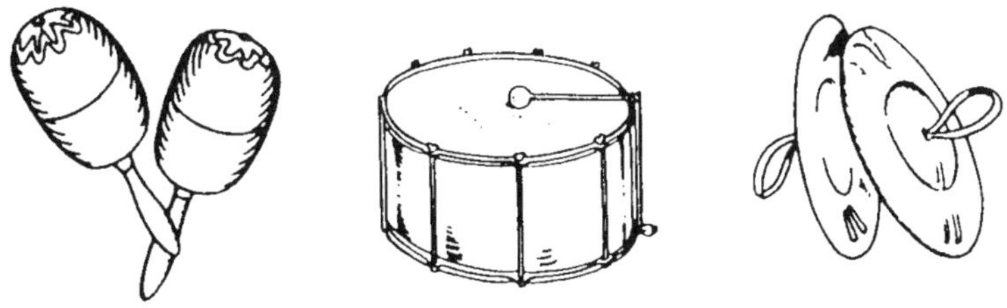

Gesangsgestaltung

Um uns noch besser in den zweiten Liedteil einzufühlen, schließen wir dabei die Augen. Wir versuchen, diesen Teil möglichst ruhig und einfühlsam mit der Stimme zu gestalten. Wichtig ist nach der dritten Wiederholung, dass in die Ruhephase kein einziges Geräusch dringt. Wenn die Wiederholung des „Krach-Teils" kommt, müssen wir uns gut auf den Anfang konzentrieren und öffnen die Augen wieder.

Krach muss manchmal auch sein

Text und Melodie: Thomas Blendinger

Störende Geräusche

AB

Alle Lebewesen und Gegenstände, die hier abgebildet sind, machen Geräusche oder Töne.
Kreise alle störenden Geräusche rot, alle angenehmen Klänge grün ein.

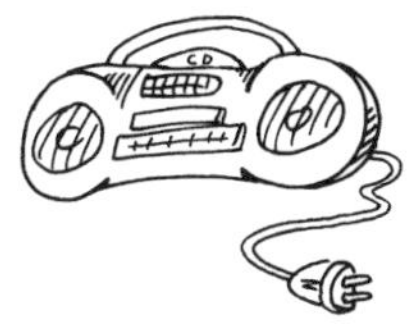

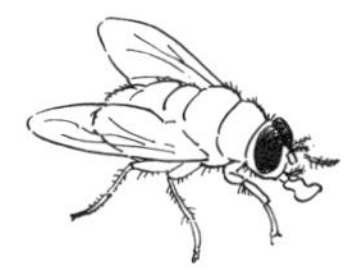

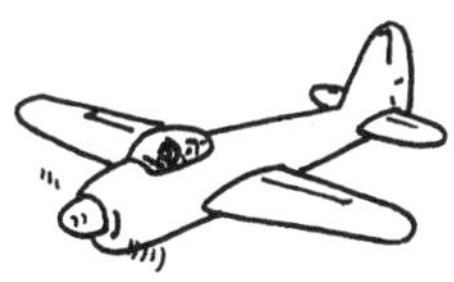

Überlege, welche Lärmquellen es in deiner Umgebung gibt.
Welche stört dich am meisten?

____

____

Welche Melodie- und welche Rhythmusinstrumente kennst du?
Erstelle eine Tabelle wie im Beispiel.

Melodieinstrumente	**Rhythmusinstrumente**
Glockenspiel	Klanghölzer

Vom Thema „Karte & Kompass“ ...

Der Song von den Himmelsrichtungen

Die Beschäftigung mit den Himmelsrichtungen und den Nebenhimmelsrichtungen ist interessant und schwierig zugleich. So kann es z.B. viel Spaß machen, auf einer Landkarte (oder Schatzkarte) den Weg zum Ziel durch Himmelsrichtungsangaben zu finden. („Gehe Richtung Norden und bei der ersten Weggabelung weiter Richtung Südosten ...“)

Ziel in der Grundschule ist es, bestimmte Orte vom gegenwärtigen Standort aus durch Angabe der Himmelsrichtungen auf der Landkarte bestimmen zu können. Durch die Nebenhimmelsrichtungen wird die Genauigkeit der Angaben erweitert.

Aber was ist das eigentlich: „Osten, Westen ...“? Wenn ich von verschiedenen Wohnorten aus die Himmelsrichtung der Schule suche, bekomme ich heraus, dass sie jedes Mal in einer anderen Richtung liegt. – Eine Schwierigkeit, die in der kleinräumlichen Betrachtung zu suchen ist. Deshalb beschäftigt sich das Lied „Norden, Süden, Westen, Osten“ (S. 38) mit der großräumlichen, globalen Betrachtung der Himmelsrichtungen, eben von unserem Land aus gesehen.

Einsatz im Unterricht

Nachdem wir Himmelsrichtungen und Nebenhimmelsrichtungen kennen gelernt haben und einige Orientierungsübungen am Ortsplan oder in der Schulumgebung vorgenommen haben, beschäftigen wir uns mit Wetterphänomenen, die mit den Himmelsrichtungen zu tun haben. Wir untersuchen das Moos an der Wetterseite eines Baumes oder betrachten Fotos von Bäumen, die vom dauernden Westwind gebogen gewachsen sind. Hier kann uns der „Himmelsrichtungs-Song“ (S. 38) mit weiteren Informationen versorgen.

Da die Strophen in unterschiedlicher Reihenfolge gesungen werden können, sind sie nicht nummeriert, sondern mit „Nordstrophe“, „Südstrophe“ usw. bezeichnet. Nun können die Winde erzählen, was sie uns aus den verschiedenen Himmelsrichtungen mitbringen.

Das AB „Die Himmelsrichtungen“ (S. 40) dient zum einen der Ergebnissicherung, zum anderen lenkt es die Aufmerksamkeit auf den Strophentext und dient somit auch dem sinnentnehmenden Lesen.

Tipps zur Einführung

- Es empfiehlt sich auch hier, dem Lied als Ganzem zu begegnen. Der erste Höreindruck motiviert die Schüler zu spontanen Äußerungen. Der Refrain kann bereits bei der ersten Wiederholung mitgesungen werden.
- Zum Textverständnis klären wir Wortschöpfungen und Fachbegriffe, wie z.B. „meerbepackte Wolken“, „Tropenhitze“, „Wetterseite“, „arktisch Eis“.
- Wir suchen auf einer Weltkarte die im Lied besungenen Erdteile Asien, Afrika und die Arktis.

... zum Himmelsrichtungs-Song

Textgestaltung

Aus dem Text der Ost- und der Südstrophe ergeben sich bereits erste Möglichkeiten der Begleitung. So ahmen wir z.B. am Ende der Oststrophe den Wind mit unserer Stimme nach (schschsch ...). Am Ende der Südstrophe mimen wir einen schwitzenden Menschen.

Die Kinder können mit einem Kompass ermitteln, wo in ihrem Klassenraum Norden, Süden, Osten und Westen liegen, und ordnen sich dann gruppenweise einer Himmelsrichtung zu. Die Strophen werden entsprechend gruppenweise vorgetragen, der Refrain wird von allen gemeinsam gesungen.

Begleitsatz für Orff-Instrumente

Den Refrain können wir mit Stabspielen begleiten. Haben die Kinder noch wenig Erfahrung mit dem Lesen von Noten, bietet es sich an, die zu spielenden Töne auf den Klangstäben mit farbigen Klebepunkten zu markieren und die Noten in derselben Farbe anmalen zu lassen. Außerdem können alle nicht verwendeten Klangstäbe umgedreht werden.

Kinder, die schon Erfahrungen mit Stabspielen haben und rhythmisch sicher sind, können auch die letzten vier Takte der Oststrophe begleiten. Es ist sinnvoll, die Begleitung zu Beginn von zwei Kindern spielen zu lassen. Ein Kind spielt die Oberstimme, das andere die Unterstimme. Die Begleitung ahmt eine typische fernöstliche Melodie nach:

Song

Norden, Süden, Westen, Osten

Hier passt als Begleitung das Xylophon (siehe Begleitsatz für Orff-Instrumente S. 37).

Text und Melodie: Thomas Blendinger

Norden, Süden, Westen, Osten

Nordstrophe:
Im Norden, wo die Nadel hinzeigt,
wird's langsam kalt und weiß.
Der Wind pfeift
durch die Eisberglandschaft:
„Komme gleich!
Bring' arktisch Eis!"

Weststrophe:
Im Westen taucht die Sonne
abends ein im Horizont.
Der Wind drückt
meerbepackte Wolken
zur Wetterseite,
am Baum wächst Moos.

Oststrophe:
Im Osten geht die Sonne auf,
der Wind erzählt von dort:
„Ich wirbelte
im Steppenstaub von Asien!"
Und das klingt:
(Schschsch!)

Südstrophe:
Im Süden steht die Sonne
mittags g'rade über uns.
Der Wind, er flüstert:
„Tropenhitze! Afrika!"
Und das klingt:
(Schwitzen mimen)

Refrain:
Norden, Süden, Westen, Osten,
wir finden uns zurecht!

Die Kompassnadel zeigt uns Norden überall!
Das ist nicht schlecht!

Text und Melodie: Thomas Blendinger

Die Himmelsrichtungen

Trage die Himmelsrichtungen und die Nebenhimmelsrichtungen ein.

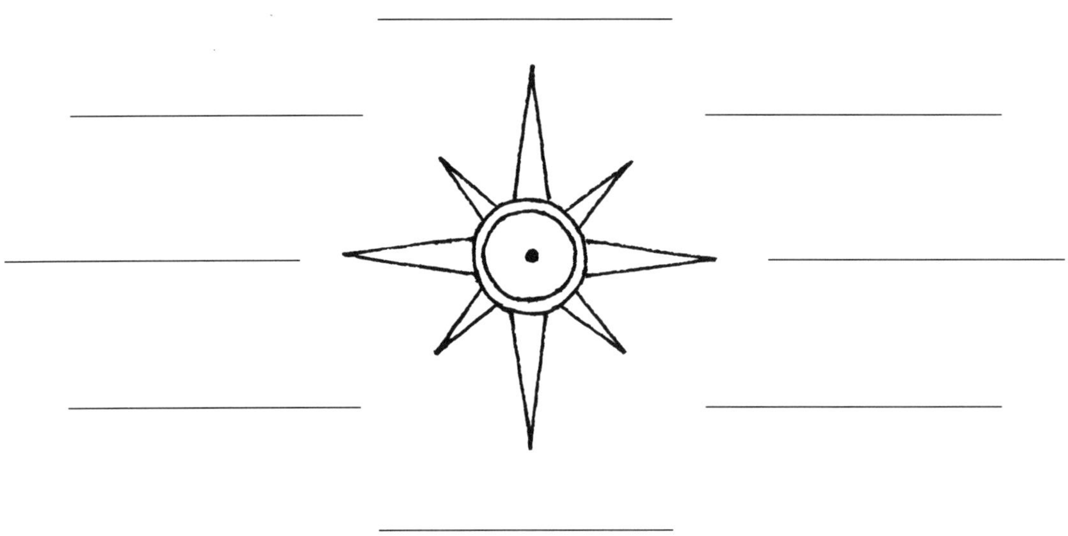

Setze die fehlenden Wörter ein:

Im ______________ geht die Sonne auf, im ______________ nimmt sie ihren Lauf,

im ______________ will sie untergeh'n, im ______________ ist sie nie zu seh'n.

Schreibe auf, was der Wind aus den verschiedenen Himmelsrichtungen mitbringt:

Norden: ______________________________

Süden: ______________________________

Westen: ______________________________

Osten: ______________________________

Zeichne einen Plan deines Klassenzimmers auf ein Blatt Papier.
Zeichne die Himmelsrichtungen ein!
Tipp: Nimm einen Kompass zur Hilfe.

Vom Thema „Bestäubung“ ...

Der Song „Von der Blüte zur Frucht“

Ob am Beispiel von Heckenpflanzen, Obstbäumen oder anderen geeigneten Objekten, die Beobachtung der Entwicklung einer Blütenpflanze bis hin zur Frucht ist immer ein unglaubliches Ereignis. In vielen Parks oder Obstanlagen, vielleicht sogar auf dem Schulgelände, können wir sie beobachten und erklären. In fünf Strophen wird in dem Lied „Von der Blüte zur Frucht“ (S. 43) diese einmalige Entwicklung beschrieben. Möglichst alle Sinne sollen angesprochen werden. Der Song erzählt vom Blütenduft, vom Summen der Bienen und der Schönheit eines blühenden Baumes.

Einsatz im Unterricht

Das Lied passt am besten in den Frühling, die Blühzeit, denn diese ist im Lied genau beschrieben. Der Schwerpunkt liegt auf dem Bestäubungsvorgang. Das eher ruhig und besinnlich gehaltene Lied spricht im Refrain von einem Wunder, weil die Entwicklung von der Blüte zur Frucht schwer erklärbar ist und das Staunen über diesen Naturvorgang zum Ausdruck gebracht werden soll.

Das AB „Die Fruchtblüte“ (S. 45) dient zum einen der Ergebnissicherung. Zum anderen regt es die Kinder aber auch zu eigenen Untersuchungen an und fördert das selbstständige Suchen nach Informationen in Büchern, Lexika und dem Internet.

Tipps zur Einführung

- Wir stellen uns vor, wir sehen am Morgen aus dem Fenster. Alles ist weiß. Hat es geschneit? Aber beim Öffnen des Fensters strömt uns warmer Blütenduft entgegen. Wir klären diese Täuschung im gemeinsamen Gespräch auf und lesen dann den Liedtext.
- Wenn wir auf dem Schulgelände die Möglichkeit dazu haben, sehen wir uns einen blühenden Baum an. Wir werden ein recht lautes Summen vernehmen, wenn wir uns dem Baum nähern. Dieses Bienensummen ist auch eine schöne Stimmübung zur Einstimmung in das Lied. Wir gehen näher hin, unser Summen wird lauter, dann entfernen wir uns, und es wird leiser.
- Wir hören das Lied als Ganzes und besprechen im Anschluss daran kurz den Inhalt der Strophen. Die Strophentexte lernen wir nach und nach, wenn wir sie szenisch umsetzen (siehe S. 42).
  Den Refrain haben wir schnell gelernt, da er zwischen den fünf Strophen immer wiederkehrt.

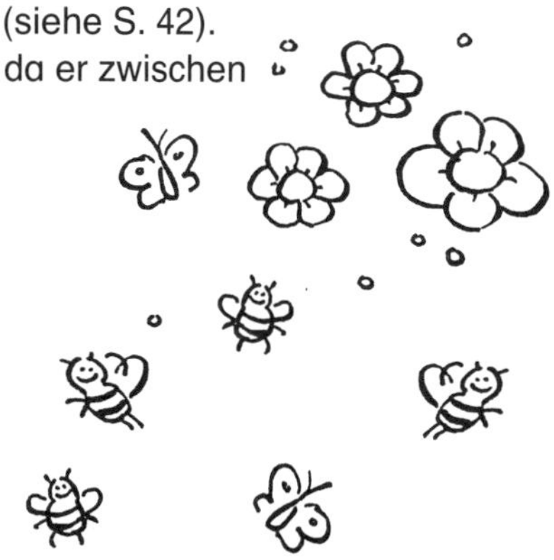

... zum Song vom Blütenwunder

Szenische Gestaltung

Die Strophen können an einzelne Kinder verteilt und dann nachgespielt werden. In meiner Klasse haben wir den Vorgang der Bestäubung mit einfachen Mitteln nachgespielt:

Die Biene, eine angemalte, leere Klorolle mit angeklebten Wollfäden als Beine, fliegt zur auf Karton aufgemalten Blüte. Die Staubbeutel der Blüte sind aus Ohrenstäbchen gebastelt, die mit Curry bepulvert wurden. Fliegt die Biene nun in die Blüte, bleibt an den Wollfäden der gelbe „Blütenstaub“ hängen.

Begleitsatz für Orff-Instrumente

Den Refrain des Liedes können wir mit Blockflöte, Stabspielen und Rhythmusinstrumenten begleiten:

Flöte/Glockenspiel:

Xylophon:

Cabasa/Rassel:

Triangel:

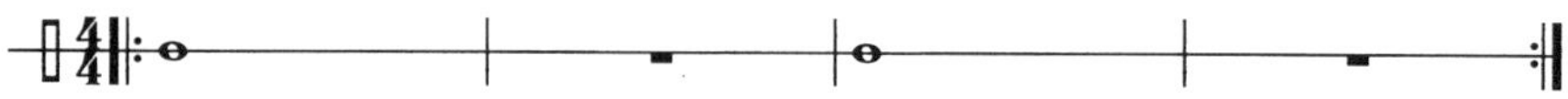

Klanghölzer:

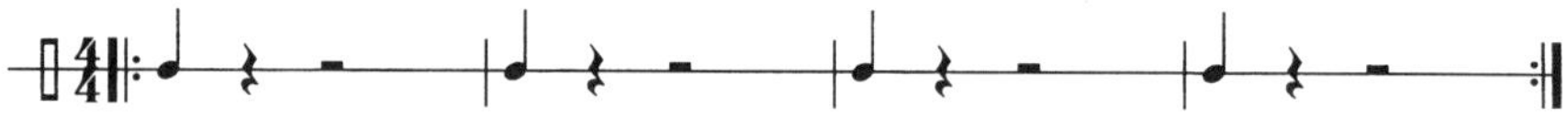

Von der Blüte zur Frucht

Song

Text und Melodie: Thomas Blendinger

Text

Von der Blüte zur Frucht

1. Heut' morgen bin ich aufgewacht,
unser Baum im Garten war weiß!
Ich dachte Schnee!
Hab' das Fenster aufgemacht,
ein warmer, süßer Duft kam rein.

Refrain
Von der Blüte zur Frucht,
ein echtes Wunder,
hier kann ich's seh'n!
Von der Blüte zur Frucht,
doch so richtig
kann ich's nicht versteh'n!

2. Als ich näher komm',
hör' ich ein Summen dort
oben im blühenden Baum.
Das sind die Bienen,
die werden hier hergelockt
vom Duft und vom Farbentraum.

Refrain
Von der Blüte zur Frucht ...

3. Eine Blüte dort zappelt aufgeregt,
da ist nämlich 'ne Biene drin.
Auf den süßen Nektar
hat sie's abgeseh'n,
ganz nebenbei
nimmt sie noch Pollen mit.

Refrain
Von der Blüte zur Frucht ...

4. Doch hoppla!
Die Biene hat ja Höschen an!
Nein, das ist der Blütenstaub!
Sie summt fleißig zur nächsten Blüte,
dann bleibt er kleben
auf der Narbe drauf.

Refrain
Von der Blüte zur Frucht ...

5. Was danach geschieht,
kann ich nicht mehr seh'n,
ganz langsam wächst die Frucht.
Die weißen Blätter sind jetzt abgefall'n,
komm' öfter mal vorbei und guck!

Refrain (2-mal)
Von der Blüte zur Frucht ...

Text und Melodie: Thomas Blendinger

Die Fruchtblüte

Beschrifte die Teile der Blüte:

Blütenboden *Griffel* *Fruchtknoten* *Narbe*
Nektar *Staubblatt* *Blütenblätter* *Kelchblatt*

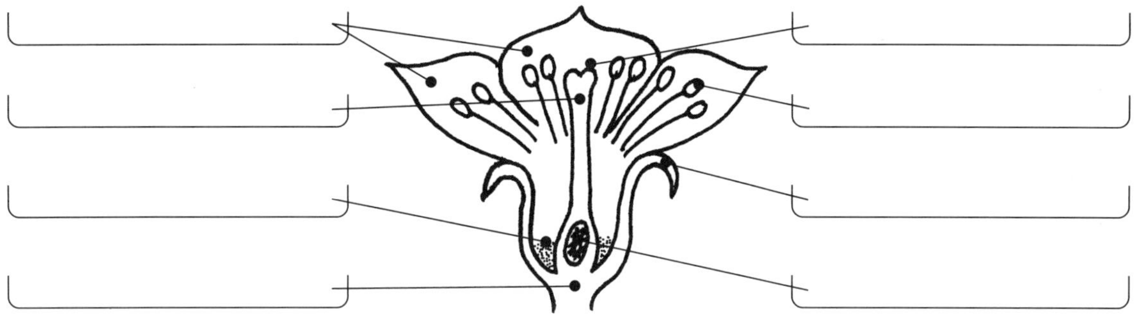

Untersuche eine andere Blüte ganz genau!
Welche Gemeinsamkeiten kannst du entdecken?
Gibt es auch Unterschiede? Schreibe ins Heft.

Welche Insekten ernähren sich neben der Biene noch von Nektar? Kreise ein!

Informationen über Insekten findest du z.B. im Kinderlexikon, in Sachbüchern oder im Internet unter **www.insektenbox.de** oder **www.tierundnatur.de/insekten.htm**

Lösung
Von Blütennektar ernährt sich neben der Biene nur die Hummel.
Der Marienkäfer frisst u.a. Blattläuse und Raupen von Schmetterlingen.
Die Ameise ist ein Allesfresser, sie kann Blattläuse „melken".
Die Fliege ernährt sich von Mist und Abfällen.
Der Hirschkäfer saugt Baumsaft aus Eichen.

Vom Thema „Wald“ ...

Der Song vom Wald

Das Lied „Wald, was du uns gibst“ (S. 48) soll durch die Beschreibung der Schönheit und Vielfalt des Waldes in Bezug auf Flora und Fauna einen Beitrag leisten, den Wald schätzen und bewundern zu lernen.

Durch die Beschäftigung mit mancher Bedrohung unseres heimischen Waldes (z.B. durch Umweltschädigungen), aber auch des Regenwaldes (Abholzung) sollen die Kinder motiviert werden, sich im Unterricht Gedanken über dessen Bedeutung für den Menschen (Lunge der Erde) zu machen. Es wird auch angeregt, Ursachen und mögliche Schutzmaßnahmen zu diskutieren.

Einsatz im Unterricht

Das Lied kann als Zusammenfassung einer Unterrichtseinheit zum Thema „Wald“ dienen, ist aber auch durchaus als Impulsgeber für den Beginn der Einheit denkbar, nämlich dort, wo wir sammeln, was wir über den Wald wissen und noch wissen wollen.

Das AB „Ein Wald für Tiere und Menschen“ (S. 50) kann relativ zu Beginn der Unterrichtseinheit von den Schülern bearbeitet werden, da noch kein Fachwissen erforderlich ist und die Kinder zum Sammeln von Informationen angeregt werden.

Tipps zur Einführung

- In einer Fantasiereise mit leiser Hintergrundmusik führt die Lehrkraft die Kinder gedanklich in den Wald. Sie gibt ihnen Zeit, sich in Ruhe umzuschauen. Damit kann das Vorwissen aktiviert werden.
- Wir hören das Lied mit allen Strophen, um einen Gesamteindruck zu bekommen.
- Wir besprechen die Inhalte der Strophen. In Gruppenarbeit können sich die Kinder mit der Zusammenfassung der in den einzelnen Strophen angesprochenen Probleme beschäftigen.
  Folgende Fragen und Aufträge können dabei helfen:

1. Strophe:	Welches Problem wird hier erwähnt, was wisst ihr davon?
2. Strophe:	Welche Tiere werden genannt? Welche kennt ihr noch? „Wenn Tiere fliehen müssen, kommen auch Probleme auf uns zu.“ Was ist mit diesem Satz gemeint?
3. Strophe:	Welchen Nutzen hat der Mensch vom Wald? Sucht weitere Beispiele! Was kann man aus Holz alles machen? Sucht noch mehr Beispiele!

- Zur Gesangsversion der CD versuchen wir, die Strophen und den Refrain mitzusingen. Bei Begleitung durch die Gesangsversion der CD können die Strophen ausprobiert und der Refrain mitgesungen werden. Haben wir den Eindruck, es klappt, verwenden wir das Playback.

Bildnerische Gestaltung

Versuchen Sie ruhig einmal, den Inhalt einer Strophe malen zu lassen. Die Ergebnisse können dann zusammen mit einem schön abgeschriebenen Text als Collage im Klassenzimmer aufgehängt werden.

Rhythmische Begleitung

Strophen und Refrain können mit dem gleichen Rhythmus begleitet werden:

Cabasa/Rassel:

Klanghölzer:

Trommel:

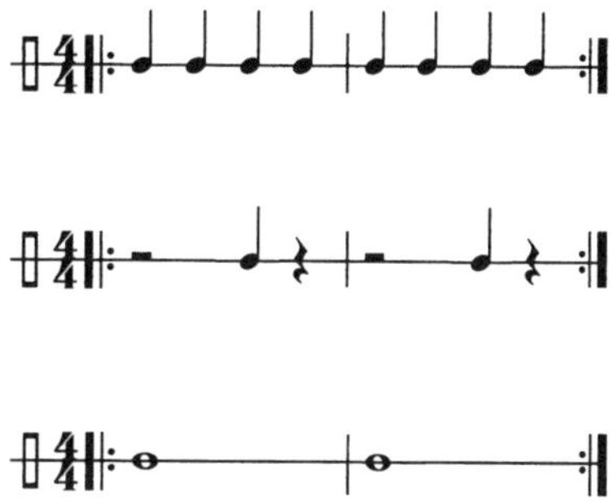

Hör-Rätsel

Dieses Hör-Rätsel eignet sich gut zur Vorbereitung für das Waldkonzert (s.u.). Wir verwenden dazu ausschließlich aus dem Wald stammende Mitbringsel, z.B. Stöcke, Blätter, Früchte, Rinde etc., die in einem Karton versteckt werden. Jetzt kommt ein Kind nach vorne zum Karton, in dem die Wald-Mitbringsel verborgen gehalten werden. Es raschelt, schlägt, schabt mit einigen Gegenständen. So raten wir und lernen unbekannte Geräusche zuzuordnen.

Schwerer wird es, wenn dann auch waldfremde Gegenstände mit beigemischt werden, z.B. Dosen, Glas etc.

Waldkonzert

Mit den Geräuschen aus dem Hör-Rätsel und/ oder auch mit der eigenen Stimme und Körperinstrumenten bringen wir den Wald zum Klingen. Vorher vereinbaren wir einen groben Ablauf für das Konzert: Z.B. können zuerst nur die leisen Blätter spielen, dann kommen nach und nach Rinde und Stöcke hinzu und wir spielen eine Weile gemeinsam, bis schließlich alle „Instrumente" in umgekehrter Reihenfolge wieder aufhören.

Alternativ oder ergänzend können wir mit den Wald-Utensilien auch eine Wald-Geschichte vertonen.

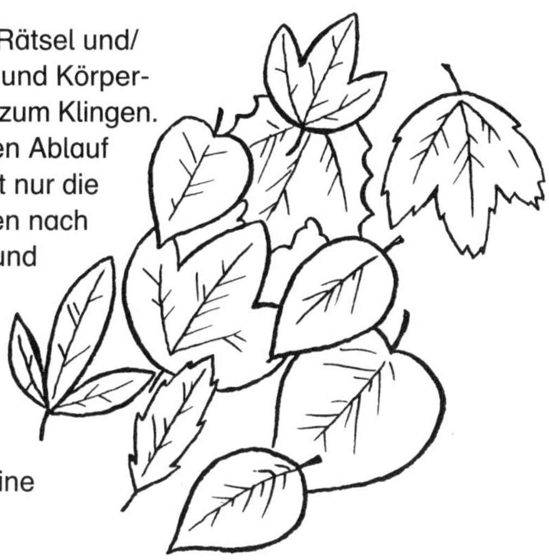

Song

Wald, was du uns gibst

Text und Melodie: Thomas Blendinger

Wald, was du uns gibst

1. Ich hab' geträumt, ich würd'
auf deinem weichen Boden liegen
und hoch hinauf in deine Wipfel seh'n.
Der Wind, der spielte sanft
und bog die Spitzen deiner Bäume,
und plötzlich trug er
deine Stimme zu mir.
Sie klagte und erzählte,
dass du früher viel größer warst
und Menschen kamen,
um dich zu zerstören, Ast für Ast!

Refrain
Wald, was du uns gibst,
kann so mancher nicht begreifen!
Wald, wer du bist,
wollen viele nicht kapier'n!
Wald, was du bist,
ich versteh', dass wir dich brauchen,
weil es uns ohne dich
nicht geben kann.

2. Du gibst den Tieren Raum zum Leben,
überall zu wohnen.
Hoch auf dem Baum der Kobel
unsres Eichhörnchens sitzt.
Ein bisschen tiefer
wohnt Familie Specht in ihrer Höhle,
gleich nebenan ein Käfer
leckre Rinde frisst.
Und doch gibt es da Leute,
die 'ne Straße durch dich bau'n.
Die Tiere müssen fliehen,
Bäume werden umgehau'n.

Refrain
Wald, was du uns gibst, ...

3. Drum lass uns,
wenn wir dich besuchen,
ruhig ein Weilchen warten,
die Lungen atmen –
gesunde Waldluft ein.
Dann schau'n wir unter's Laub
und seh'n, wie's krabbelt, viele Arten.
Wenn's raschelt im Gebüsch,
kann's mal ein Reh auch sein.
Wir bauen aus dir Möbel,
Spielzeug, Gartenzaun und Haus,
und wenn wir auf dich achten,
geht dein Holz auch niemals aus!

Refrain (2-mal)
Wald, was du uns gibst, ...

Text und Melodie: Thomas Blendinger

AB

Ein Wald für Tiere und Menschen

Welche Tiere gehören nicht in den Wald? Kreise sie ein.
Informiere dich in einem Lexikon oder im Internet.

 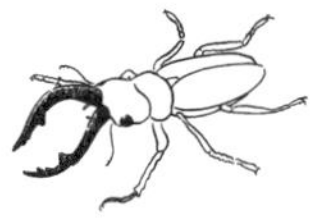  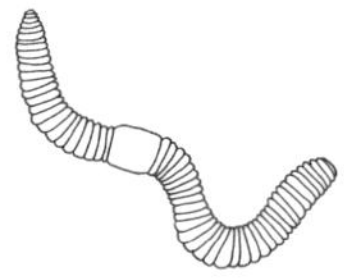 

Kreise ein, was aus Holz gebaut werden kann.

   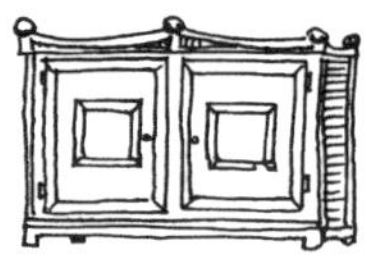 

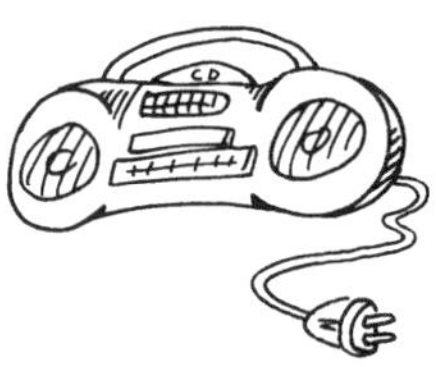

  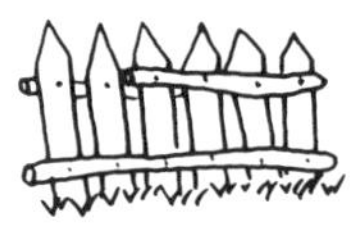

Viele Menschen aus der Stadt suchen in einem Waldgebiet Erholung.
Überlege, was man im Wald alles unternehmen kann!
Schreibe ins Heft.

Vom Thema „gesunde Ernährung“ ...

Der Song von der Milch

Milch enthält viele Nährstoffe, die wir zum Leben brauchen: Durch ihren hohen Kalzium-Anteil unterstützt sie die Festigung der Knochen beim Wachstum. Sie liefert wertvolle Vitamine und stellt für unseren Körper durch Milchzucker, Eiweiß und Fett eine wichtige Energiequelle dar.

Auch die Werbung benutzt das gute Image der Milch. Hier können wir manchen Missbrauch aufdecken, wenn wir uns einmal genau ansehen, was in einem so genannten „Milchriegel“ genau drin ist! Wir sollten den Kindern gezielte Anleitung zum Lesen des Verpackungsinhalts geben!

Viele Schulen haben die gute alte Schulmilch wieder eingeführt, in manchen Gebieten laufen in Zusammenarbeit mit Molkereigesellschaften „Milchprojekte“. Im Rahmen eines Wettbewerbs bereiteten wir in einer meiner Klassen einen musikalischen Beitrag zu diesem Thema vor.
Wir wollten selbst ein Lied über die Milch schreiben. Dazu erstellten die Kinder eigene Reime, die ich sammelte und bearbeitete. Heraus kam der Liedtext dieses Songs, der aus „gerappten“ Strophenteilen und einem gesungenen Refrain besteht.

Einsatz im Unterricht

Das Lied passt überall dorthin, wo über gesunde Ernährung im Allgemeinen oder die Bedeutung der Milch im Speziellen gesprochen wird. Auf dem AB „Lebensmittel mit Milch“ (S. 55) sollen die Kinder u.a. Lebensmittel identifizieren, die Milch enthalten. Dabei ist es von Vorteil, wenn der Lehrer die dort abgebildeten Lebensmittel zur Anschauung mitbringt. So können die Kinder zunächst Vermutungen anstellen und dann auf der Verpackung die Inhaltsstoffe nachlesen.

Weitere empfehlenswerte Arbeitsangebote rund um das Thema „Milch“, u.a. zu ihrer Entstehung, Milchsorten und Bestandteilen, finden sich in der Werkstatt „Von der Kuh in den Kühlschrank“ vom Verlag an der Ruhr.

Tipps zur Einführung

- Wir hören das Lied als Ganzes an und äußern uns spontan dazu, wie es uns gefällt und was wir uns aus dem Inhalt merken konnten. Welche guten Eigenschaften der Milch werden im Text genannt?
- Es bietet sich an, zuerst mit dem Üben des Refrains zu beginnen. Er ist eingängig und lässt sich schnell auswendig lernen.
- Wir erarbeiten den Rap-Text durch Mitklatschen und Mitsprechen. Wegen der komplizierten Rhythmik bietet es sich an, die Kinder in kleinen Gruppen sprechen zu lassen. Alle anderen singen den Refrain.
- Das Trinkgeräusch nachzuahmen macht den Kindern viel Spaß. Allerdings müssen wir dabei auf die gleichmäßige Rhythmik achten.
- Zum Schluss können wir die Rollen der drei Kinder passend zum Liedtext verteilen.

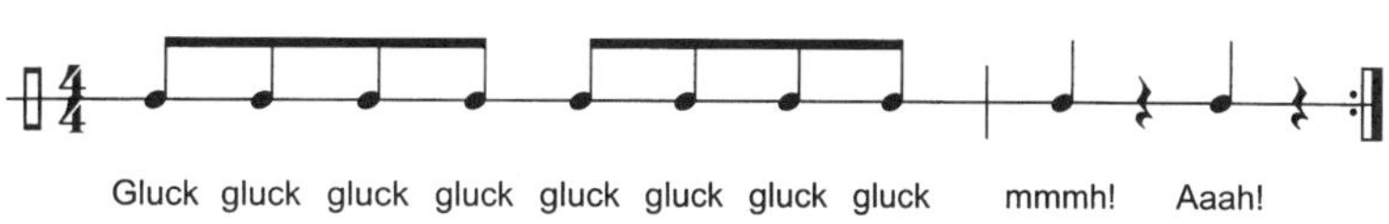

... zum Milch-Song

Info

Szenische Darstellung

Hier bieten sich die Rap-Texte der drei Kinder für eine szenische Darstellung an.

1. Kind: Wie bewegt sich ein müder, schlapper Mitschüler? („Ich fühl' mich müde ...")

2. Kind: Milch trinken, entsprechende Geräusche machen („gluck ... aaah"), Fitness zeigen („Was glaubst du wohl, warum ich fit bin?").

3. Kind: Das Publikum mit Gesten zum Mittrinken einladen („Kommt ihr Leute...").

Refrain: Im Mittelteil des Songs preisen alle die Eigenschaften der Milch an („Die Milch macht fit ... für Knochen und Hirn – sie ist der Hit!").

Begleitsatz für Stabspiele

Den Refrain begleiten wir mit tiefen Xylophonen/Metallophonen:

Rhythmusbegleitung

Die Strophen werden nicht begleitet, damit wir uns hier ganz auf den rhythmisch anspruchsvollen Rap-Gesang konzentrieren können. Den Refrain klatschen wir auf der 2. und 4. Zählzeit. Damit wir diese sicher finden, können wir auf der 1. und auf der 3. Zählzeit zusätzlich stampfen oder schnipsen.

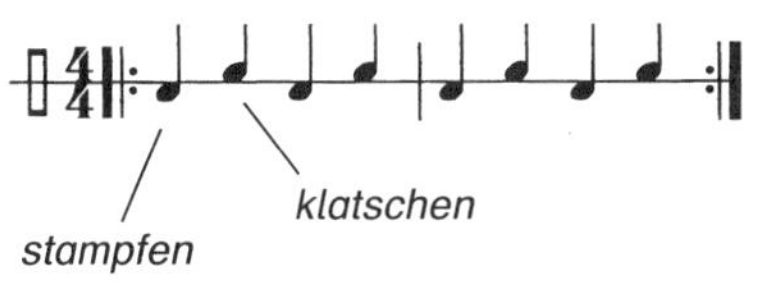

Alternativ stampfen oder schnipsen wir auf der 1. und der 2. Zählzeit und klatschen auf der 3. Zählzeit. Die 4. Zählzeit ist eine Pause.

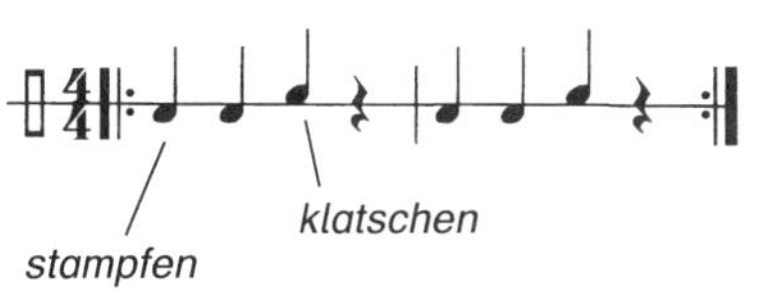

Die Milch macht fit

Song

Text und Melodie: Thomas Blendinger

Die Milch macht fit

Erstes Kind:
Ich fühl' mich müde und so schlapp,
gestern war's ganz schön spät!
Zum Frühstücken war es auch zu knapp!
Mann! Ich möcht' jetzt wieder in mein Bett!

Zweites Kind:
Gluck gluck gluck gluck gluck gluck
gluck gluck mmmh! – Aah!
Was glaubst du wohl, warum ich fit bin?
In meinem Frühstück war heut' Milch drin!
Sie hält mich stark, sie hält mich munter,
da fällt dir glatt die Klappe 'runter!

Refrain (2-mal; alle):
Die Milch macht fit!
Die Milch schmeckt stark,
ist überhaupt kein Kinderquark!
Ein edler Saft, er gibt mir Kraft,
ich fühl' mich nicht mehr abgeschlafft.

Drittes Kind:
Kommt ihr Leute groß und klein,
trinkt viel Milch, die schmeckt ganz fein,
ich trink' so viel, so viel ich mag,
das hält mich fit den ganzen Tag.

Zweites Kind:
Gluck gluck gluck gluck gluck gluck
gluck gluck mmmh! – Aah!
Was glaubst du wohl, warum ich fit bin?

Erstes Kind:
Was glaubst du wohl, warum ich fit bin?

Drittes Kind:
Was glaubst du wohl, warum ich fit bin?

Alle:
In mir ist jeden Morgen Milch drin!

Zweites Kind:
Was glaubst du wohl, warum ich fit bin?

Erstes Kind:
Was glaubst du wohl, warum ich fit bin?

Drittes Kind:
Was glaubst du wohl, warum ich fit bin?

Alle:
In mir ist jeden Morgen Milch drin!

Refrain (2-mal; alle):
Die Milch macht fit ...

Zwischenteil (4-mal; alle):
Die Milch macht fit – die Milch macht fit –
für Knochen und Hirn – sie ist der Hit.

Refrain (4-mal; alle):
Die Milch macht fit ...

Text: Aus Schülerreimen zusammengestellt
von Thomas Blendinger
Musik: Thomas Blendinger

Lebensmittel mit Milch

AB

Kreuze die Lebensmittel an, die Milch enthalten.
Vermute zuerst, danach kannst du auf der Packung selbst nachsehen.

☐

☐

☐

☐

☐

☐

☐

☐

☐

☐

Sieh dir die Verpackung eines „Milch-Pausensnacks“ einmal genauer an.
Hältst du ihn für genauso gesund wie ein Glas frische Milch? Begründe!

____

____

____

____

____

____

Erfinde einen Reklamesatz für die Milch und male ein Bild dazu.

Literatur und Internetadressen

Lieder und Musik

Baumann, Peter; Brugger, Hansjörg:
10 x 10 Musikimpulse. Erle Verlag, 2002.
ISBN 3-9521925-3-8

Meier, Jörg:
Easy English Songs: Traditionals zum Mitsingen mit Arbeitsblättern, Texten, Noten und CD. Ab 4 J. Verlag an der Ruhr, 2002.
ISBN 3-86072-675-7

Silberg, Jackie:
Aber ich kann doch gar nicht singen!
Musik unterrichten für „Unmusikalische". Ab Kl. 1.
Verlag an der Ruhr, 1999. ISBN 3-86072-444-4

Stohlmann, Lieselotte:
Singen in der Grundschule.
Cornelsen Scriptor, 1987. ISBN 3-589-05008-X

Werkstätten für den Sachunterricht

Arndt, Ursula:
Löwenzahn und Frühlingswiese – Eine Werkstatt. Ab Kl. 2. Verlag an der Ruhr, 2000.
ISBN 3-86072-477-0

Bender, Iris:
Die Strom-Werkstatt. Ab Kl. 3.
Verlag an der Ruhr, 2002. ISBN 3-86072-679-X

Kneip, Winfried; Stascheit, Wilfried:
Wasser erleben und erfahren: Das Element Wasser in der Grundschule. Kl. 1–6.
Verlag an der Ruhr, 1990. ISBN 3-927279-57-9

Mönning, Petra; Schwetschenau, Silke; Willems, Karolin: **Die Wetter-Werkstatt.**
Ab Kl. 3. Verlag an der Ruhr, 2002.
ISBN 3-86072-676-5

O'Brien-Palmer, Michelle:
Von den Sinnen: Eine Werkstatt für den Sachunterricht. Ab Kl. 2. Verlag an der Ruhr, 2001.
ISBN 3-86072-599-8

Rodemann, Katja:
Von der Kuh in den Kühlschrank: Eine Milch-Werkstatt. Ab Kl. 3. Verlag an der Ruhr, 2001.
ISBN 3-86072-604-8

Internetadressen

www.bayern.de/wwa-ab/kinderseiten/html/ww_05/05_01.htm
Hier können Kinder u.a. die Reise eines Wassertropfens im Wasserkreislauf und vom Wasserwerk zur Kläranlage interaktiv nachvollziehen.

www.wegerer.at/strom
Ein Quiz rund um das Thema „Elektrizität" für Stromexperten oder die, die es einmal werden wollen.

www.windpower.dk/de/kids/intro/index.htm
Schnellkurs für Kinder zum Thema „Windenergie".

www.emil-gruenbaer.de
Hier finden die Kinder unter der Rubrik „Umwelt-Lexikon" alles Wissenswerte rund ums Thema Ernährung und Pflanzen.

www.naturdetektive.de
Ein Internet-Mitmach-Projekt für Schülerinnen und Schüler der Klassen 1 bis 4 und 5 bis 8, um für Vorgänge in der Natur der eigenen Umgebung und biologische Vielfalt zu sensibilisieren.

www.verlagruhr.de
Da sich Internetadressen schnell verändern können, finden Sie auf unserer Homepage unter dem Titel „Super-Sach-Songs: Natur, Umwelt und Technik" eine stets aktualisierte Linkliste aller Internetadressen aus dieser Mappe.

Verlag an der Ruhr

www.verlagruhr.de

Die Becherlupen-Kartei:
Tiere in Tümpeln, Seen und Bächen
Jürgen Dittmann, Heinrich Köster
8–17 J., 45 Karten A5, zweifarbig, beidseitig bedruckt + Beiheft
ISBN 3-86072-481-9
Best.-Nr. 2481
20,40 € (D)/21,– € (A)/35,70 CHF

Computerkurs Grundschule
Erste Texte schreiben und gestalten mit Word
Romana Merks, Alexander Puy
Kl. 3–6, 120 S., A4, Pb. + CD-ROM
ISBN 3-86072-644-7
Best.-Nr. 2644
22,– € (D)/22,60 € (A)/38,50 CHF

Naturdetektive
Puzzlequiz: Bäume
Steffi Schild, Peter Rinsche
Ab 8 J., 72 Bildkarten mit Anleitung, Pappbox
ISBN 3-86072-583-1
Best.-Nr. 2583
12,80 € (D)/13,15 € (A)/22,40 CHF

Computerkurs Grundschule
Erste Expeditionen ins Internet
Silke Schwetschenau
Kl. 3–6, 57 S., A4-Heft
ISBN 3-86072-646-3
Best.-Nr. 2646
16,– € (D)/16,45 € (A)/28,– CHF

Entdecken

Forschen

Wissen

Klar kann ich das!
Kreative Tüfteleien mit Alltagsmaterialien
Rob Nelson
Ab Kl. 2, 73 S., A4, Papph.
ISBN 3-86072-721-4
Best.-Nr. 2721
18,60 € (D)/19,15 € (A)/32,60 CHF

Mehr Wissen durch Quizzen
Das Klassentraining für die Allgemeinbildung Thema: Tiere
Hete Willems
Ab 8 J., 61 S., A4, Papph.
ISBN 3-86072-718-4
Best.-Nr. 2718
18,– € (D)/18,50 € (A)/31,50 CHF

So hole ich mir Wissen
Kinder beschaffen sich selbstständig Informationen
Rob Cottrell
Kl. 3–5., 47 S., A4-Heft
ISBN 3-86072-720-6
Best.-Nr. 2720
12,80 € (D)/13,15 € (A)/22,40 CHF

Mehr Wissen durch Quizzen
Das Klassentraining für die Allgemeinbildung Thema: Städte, Länder, Flüsse
Nadine Wefers
Ab 8 J., 63 S., A4, Papph.
ISBN 3-86072-719-2
Best.-Nr. 2719
18,– € (D)/18,50 € (A)/31,50 CHF

Verlag an der Ruhr
Postfach 102251 • D-45422 Mülheim an der Ruhr
Tel.: 0208/495040 • Fax: 0208/4950495
E-Mail: info@verlagruhr.de

Bücher für die pädagogische Praxis

2791_07/03